9세부터 시작한 27세 청년의 행복 프로젝트

떼굴떼굴 돈 굴리기

9세부터 시작한 27세 청년의 행복 프로젝트

떼굴떼굴 돈 굴리기

문성민 지음

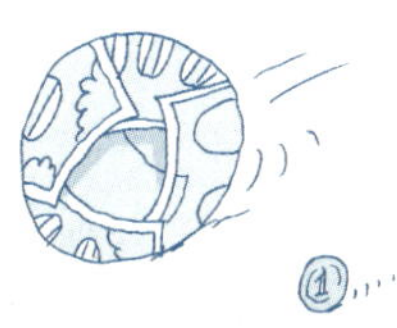

매일경제신문사

머리말

바쁜 일상 속에서도 한 번쯤은 하늘을 바라보고 태양을 향해 미소지으며 마음을 가다듬어 보기도 한다. 또 밤이 되면 밤하늘의 주인이 보름달인지 초승달인지를 점쳐보는 여유를 가지고 내일을 향한 희망과 새로운 시작을 기약해 본다.

내 나이 스물일곱….
삶의 여유를 논하기엔 내가 살아온 시간이 살아갈 날보다 짧다. 이제 막 저 높은 하늘로 날아오르기 위해 땅을 박차고 날개를 폈다. 이젠 나의 꿈을 향해 더 높이 더 멀리 더 빠르게 날아가면 될 것만 같다.
아버지께선 내게 나는 법을 가르쳐주기 위해 새끼를 물어 절벽에서 떨어뜨리는 독수리처럼 나를 강하게 단련시켰다. 마치 떠날 시간을 미리 알고 계신 듯 이제 막 알에서 깨어나 모이를 찾는 나에게 모이를 찾는 법을 가르쳐 주셨다. 비록 그 시간이 짧긴 했지만 아버지로부터 배운 내 꿈을 향한 날개짓을 단 한 번도 잊은 적이 없다. 이 힘든 날개짓 때문에 나는 좀 더 멀리 나는 법을 깨달았고 또래의 친구들보다 조금 일찍 나는 법을 알 수 있었다. 그리고 좀 더 높이 나는 법도….

이제 아버지의 이루지 못한 꿈과 나의 꿈을 모두 가슴에 품고 끝없이 펼쳐진 저 하늘을 향해 내 날개를 펼쳐 들었다.
나는 날아오를 것이다.
멋진 독수리처럼! 내 인생의 봄날을 향해….

인생을 먼저 살아온 선배들은 내 나이를 일컬어 '한창 좋을 때' 라고 한다. 딱히 무엇이 좋다 꼬집어 말하지는 못하지만 그 분들이 말하는 그것이 젊음이라는 패기와 열정, 그리고 그 뒤에 숨겨진 무한한 가능성이 아닐까 싶다.
세상이라는 전쟁터에서 나는 패기와 열정, 그리고 무한한 가능성이라는 무기를 가지고 있다. 뿐만 아니라 돈이라는 적진을 주의 깊게 분석하면서 재테크라는 전략을 가지고 언젠가는 그 적진을 포위해 꼭 성공할 것이다.
'적을 알고 나를 알면 백전백승'
세상이라는 전쟁터에 던져진 이상 돈이라는 적을 피해 다닐 수 없다. 그렇다면 당당히 맞서 싸워야 하지 않을까?

돈이라는 것이 많다고 반드시 좋은 건 아니지만 좋을 때가 더 많은 게 사실이다. 있어도 그만 없어도 그만이라면 연인이 갈라서고 목숨까지 버릴 이유도 없겠지.
많은 사람들이 좀 더 많은 돈을 벌기 위해 악착같이 노력하고 일을 한다. 모인 돈을 조금씩 조금씩 잘 굴리는 것에도 노력이 필요하다.

어떤 때는 의도한 것 이상으로 일이 잘 풀려 돈 굴리기가 수월할 때도 있을 것이고 또 어떤 때는 곱절의 노력을 했음에도 불구하고 예상을 빗나가 난관에 부딪칠 때도 있을 것이다.
쉽게 돈을 버는 방법은 이 세상에 존재하지 않는다. 하지만 좌절해서는 안 된다. 지금 이 땅의 부자들은 벌써 그 방법을 터득했고, 그렇다면 우리는 그들에게 조금 더 쉽게 그 길을 물어갈 수 있다는 것에 희망을 가져야 한다. 정 안되면 뭉쳐서라도 그 방법을 터득해 나가면 되지 않을까?
돈이 결코 우리 인생의 지배자가 되어서는 안 된다. 우리가 돈을 지배해야 한다. 작열하는 태양아래 자신의 몸보다 20배나 되는 무게의 짐을 끙끙 지고 오르는 개미는 힘들다고 해서 결코 그 먹이를 포기하지 않는다.

『떼굴떼굴 돈 굴리기』는 지금껏 나와 얽힌 돈 이야기를 100원부터 시작해 1억 원까지 솔직하게 써 내려간 글이다. 나의 실제 경험을 바탕으로 한 것이지만 이곳에는 돈을 다루면서 누구나 겪을 수 있는 크고 작은 과정을 『떼굴떼굴 돈 굴리기』라는 제목 아래 엮어 놓았다.

평범하지만 보통 사람들이 생활하면서 조금은 소홀하고, 쉽게 지나칠 수 있는 일들이다. 그들이 10억 원을 가지지 못한 이유는 아직 10억 원의 돈을 굴려보지 못했기 때문이다. 하지만 그 날은 그리 멀지 않을 거라 자신한다.

나는 성공한 사람이 아니다. 성공을 향해 달려가고 있는 사람이다.

다만 남보다 조금 일찍 시작했을 뿐이다.

나는 꿈을 향해 지금껏 달려왔고 계속해서 달려갈 것이다. 그래서 인생이라는 마라톤의 결승점에 닿을 때 누가 보아도 떳떳한 승리의 월계관을 쓰고 싶다.

2005년 2월 문성민

목차

떼굴 떼굴 돈 굴리기 전에

목차

떼굴 떼굴 돈 굴리기 후에

떼굴떼굴 돈 굴리기 전에

인생은
큰 그림을 그려 놓고
하나씩 색칠해 나가는 과정이다.
이제 막 스케치를 시작한다.

인생이란 캔버스에 꿈이라는 스케치를 하고
현실이라는 물감으로 각기 다른 그림을
그려가는 과정이다.
나는 부자라는 그림을 완성할 것이다.

떼굴떼굴 100원 굴리기

우리 돈 100원
≒ 미국 돈 10센트
≒ 일본 돈 10엔
≒ 중국 돈 0.7위안
≒ 유럽 돈 0.07유로

우리 돈 100원으로 할 수 있는 것
두꺼운 도화지 2장

하늘을 보고 자란 아이는 큰 꿈을 갖고
나무를 보고 자란 아이는 곧은 기개를 지닌다.
그리고 넘치도록 큰 사랑을 받고 자란 아이는
어떤 어려움 속에서도 사랑하기를 잊지 않는다.

부자 꼬마의 일기

1986년 서울. 아시안게임과 서울올림픽 준비로 서울은 바빴다. 도로를 새로 만들고, 아파트도 새로 짓고, 거리도 깨끗이 청소하고 하나같이 분주하게 움직이고 있었다.

"꼬마야, 일어나야지!"

무슨 단꿈을 꾸었는지 꼬마는 일어나기가 못내 아쉬운가보다. 엄마의 목소리에 겨우 잠을 깨고 눈을 비비며 일어나 세수를 한다.

그리고 아빠, 엄마, 꼬마 그리고 동생 이렇게 네 식구가 식탁에 빙 둘러앉아 엄마가 정성스럽게 차려놓은 아침을 맛있게 먹는다. 아침을 다 먹고 아빠는 출근하기 위해 양복을 입고 문 앞에 선다.

"아빠, 안녕히 다녀오세요."

남매가 꾸벅 인사를 하면, 아빠는 익숙하게 양복 호주머니에서 200원을 꺼내 꼬마와 꼬마의 동생에게 100원씩 나누어 준다. 100원씩을 받아든 남매는 아빠가 집을 나서기가 무섭게 방으로 돌아와 고사리 같은 손으로 용돈기입장을 펼치고 무언가를 열심히 적어 내려간다.

꼬마가 뭐라고 중얼중얼 댄다.

'받은 돈 100원, 모은 돈 5,700원.'

어제 5,600원에서 100원이 늘어나 5,700원이 된 것을 확인하고 꼬마는 기뻐한다.

그리고 다짐한다.

'빨리 만 원이 됐으면 좋겠다….'

아홉 살의 꼬마….

이 꼬마는 나의 어릴 적 모습이다. 나의 아홉 살 인생은 그러했다.

내게 있어 아홉 살은 돈이라는 것을 정확히 알게 된 시기였다. 아버지는 내가 초등학교 2학년 때, 용돈으로 하루에 100원씩 주셨다. 그러나 맹목적으로 100원을 주지는 않았다. 거기엔 빠트릴 수 없는 중요한 조건이 하나 있었다.

그 100원으로 오락실에 가던지, 딱지를 사던지, 어디에 사용하든 전혀 상관이 없었지만 그것을 어디에 썼는지는 반드시 용돈기입장에 기록을 해야만 했다. 용돈기입장을 써야만 다음날도 어김없이 100원을 받을 수 있었던 것이다.

지금은 유치원 아이들도 100원을 돈으로 취급해 주지 않는다. 조카에게 세뱃돈으로 100원을 줬다가 고개를 절레절레 흔들며 거부하는 바람에 손이 민망했다는 친구도 있다. 지금이야 유치원 아이들마저 우습게 아는 100원이지만, 아시안게임이 한창이던 1986년 초등학생이었던 나에게 100원은 꽤 큰돈이었다.

미술시간이면 시도때도 없이 사다 나르던 두꺼운 도화지는 20원이었고, 별사탕이 들어있는 뽀빠이 과자가 50원, 깐돌이 아이스크림이 50원이었다. 게다가 내가 좋아하는 전자오락 게임을 무려 10판이나 할 수 있는 어마어마한 돈이었다.

그림일기를 쓰던 그 때. 태어나서 처음 본 용돈기입장은 날짜와 내용, 받은 돈, 쓴 돈, 남은 돈 이렇게 5칸으로 나뉘어 있었다.

처음 용돈으로 100원을 받던 날, 나는 동생과 함께 슈퍼마켓으로 곧장 달려 들어가 과자와 아이스크림을 사 먹었다. 다음날에는 조립 로봇을 사고 그 다음날에는 딱지를 샀다. 이렇게 내가 사고 싶고 갖고 싶었던 것을 엄마, 아빠의 허락 없이 혼자서 마음껏 살 수 있다는 게 너무 기뻤다.

이런 행복한 나날이 계속되었다. 나는 얼마 지나지 않아 조심스레 용돈기입장을 펼쳐 보았다. 무엇을 샀고 남은 돈이 얼마인지 적기를 반복 했지만 남은 돈은 언제나 '0원' 이었다.

하루는 '내일은 용돈을 쓰지 말아야지' 라고 다짐했다.

다음날도 어김없이 용돈을 받았다. 학교에서 집까지 오는 멀지 않은 길에는 100원을 향한 수많은 유혹이 도사리고 있었지만 전날 다짐한대로 결코 그 100원을 주머니 밖으로 꺼내지 않았다.

그날 밤 놀라운 일이 벌어졌다. 남은 돈이 '0' 이 아닌 '100' 이라는 숫자로 채워지는 게 아닌가?

나는 과자를 사먹을 때와는 분명히 다른 이상야릇하지만 나쁘지 않은 기분을 느낄 수 있었다.

이렇게 100원, 200원, 300원… 서랍 속에 동전들이 쌓여갔다. 이것을 본 아버지는 내게 빨간 돼지 저금통을 사 주었고 그동안 한 푼 두푼 모은 돈을 정성스레 저금통에 모두 집어 넣었다.

그날 이후 나는 하루하루 용돈을 모으던 재미가 습관이 되어 스물 일곱 살이 된 지금도 용돈기입장 쓰는 일을 단 하루도 거르지 않고 있다.

현재 직장을 다니고 있지만 매월 20만 원의 용돈을 어머니께 받아서 사용하고 있고, 나의 모든 월급은 100% 적금, 보험 등으로 들어간다.

직장인에게 20만 원은 많지도, 그렇다고 적지도 않은 액수이다. 20만 원으로 핸드폰 통화료와 인터넷 요금을 내고 나면 한 달을 지내기에 약간 빠듯하다. 하지만 20만 원 이상을 쓴 다음 달은 항상 지난달에 더 쓴 만큼 아껴 쓰려고 한다. 가까운 거리는 걸어 가고 통화는 간단히 한다. 그러다보면 전달의 마이너스는 말끔히 지워진다. 이렇게 절약하는 습관을 기르는 데 용돈기입장만큼 좋은 건 없는 것 같다.

1월 1995

날짜	적요	수입	지출	잔액
	지난 달에서 넘어온 돈	6330 원	원	원
2	엄마	10000		16330
"	이모	1000		17330
4	게임값		4750	12580
6	엄마	2000		14580
"	떡볶이		500	14080
8	차비 껌		700	13380
"	이모	10000		23380
9	16절지		100	23280
10	컵라면		270	23010
20	차비, 치고지		500	22710
21	차비		1400	21310
22	휴지 아이스 심, 8절지		300	21010
	오빠 차비		700	20310
27	음료수		500	19810
28	김밥		1200	18610
	엄마 차비		300	18310
	오빠	2000		20310

7

•동생의 1995년 1월 용돈 기입장이다.
동생은 지금도 용돈기입장을 쓰고 있고 10원만 부족해도 '바르르' 떤다.

나보다 두 살 어린 동생도 직장 생활을 하고 있지만 매달 용돈을 받는다. 용돈기입장을 쓰다가 잔액이 100원도 아닌 10원만 부족해도 온 집안이 떠들썩해진다. 그런 동생이 어떨 땐 좀 심하다 싶긴 하지만 유치원생도 우습게 아는 10원의 용도를 밝히기 위해 야단을 떠는 동생이 대견하고 정말 기특하기까지 하다.

그래서 나는 동생의 저금통장을 '늪'이라 부른다. 한번 들어가면 좀처럼 빠져나오질 않아 내가 동생 몰래 붙인 별명이다.

• 나의 1988년 3, 4월달 용돈기입장이다.
초창기 용돈기입장에는 주로 학용품, 군것질거리로 용돈을 썼다.

　직장인이나 자영업을 하는 분들은 돈을 직접 벌기 때문에 수입 전액을 직접 운용하는 경우가 많다. 하지만 학생 시절을 기억하며 가계수입은 부부 중 한 명이 관리하고 용돈은 한 달에 얼마씩 최소한의 경비를 추정해 일정액만 쓰는 것이 좋다. 또한 계획성 없이 돈을 지출하지 말고 그 용돈마저 아껴 쓰려는 노력을 했으면 좋겠다.

　돈의 행방은 용돈기입장에 꼭! 반드시 기록해 두는 것을 잊지 말았으면 한다. 가계부하면 왠지 장바구니를 든 빠글빠글 파마머리 아주머니가 연상이 된다면 개인적으로 용돈기입장을 추천하고 싶다. 용돈을 아껴써서 다음 용돈을 받을 때 남아 있는 돈을 보면 무척 뿌듯할 것이다.

　한번 그 기쁨을 누려 본 사람이라면 마약과도 같은 이 기쁨을 누리기 위해서라도 300원짜리 커피 자판기를 우습게 볼 수 없게 된다. 하지만 용돈 이상으로 돈을 썼을 때는 제발, "이번 달에는 친구 결혼식도 있고, 술자리도 많아서 어쩔 수 없었어" "이 정도는 써 줘야지 다른 사람도 먹고 살지" "쏘셜(social) 포지션이 있지"라는 변명으로 자기를 합리화 시키지 말았으면 한다.

　우리가 밤을 꼴딱 지새며 인터넷 쇼핑을 해 주지 않아도, 백화점

매장 안을 누비며 돌아다녀 주지 않아도, 인터넷 쇼핑몰은 망하지 않을 것이며, 고가의 명품들은 연일 상향 곡선을 그리며 날개 단 듯 팔리고 백화점이 문 닫는 일도 없을 것이다.

잘 살펴보면 자기 합리화의 변명은 부자가 되지 못한 사람들의 어록과도 같은 것이다.

구차한 변명보다는 용돈기입장을 펼쳐놓고 돈이 새는 틈을 구석구석 살피며 "다음 달에는 간식비 좀 줄이고, 백화점에 가더라도 무엇을 살까 정확히 결정하고 가야지"라고 말하는 게 더 좋아 보이지 않는가? 큰 배도 작은 구멍 때문에 침몰한다는 것은 누구나 잘 알 것이다.

나는 습관이 되어 하루를 마감하면서 반드시 하지 않으면 잠이 오지 않는 것이 두 가지가 있다. 바로 이 닦이와 용돈기입장 쓰는 일이다. 용돈기입장은 매일 쓰지 않으면 방학숙제의 일기처럼 밀려 쓰게 된다. 한꺼번에 밀려서 쓰다 보면 빠진 돈의 출처를 알기 힘들어진다. 따라서 꾸준히 쓰는 것이 가장 중요하다.

부자가 되고 싶으면 남들이 하기 싫어하는 것을 하면 된다. 아침에 일찍 일어난다든지 혹은 가계부를 매일매일 쓴다든지….

떼굴떼굴 천 원 굴리기

우리 돈 천 원
≒ 미국 돈 1달러
≒ 일본 돈 100엔
≒ 중국 돈 7위안
≒ 유럽 돈 0.7유로

우리 돈 천 원으로 할 수 있는 것

로또 복권 1장

희망은 새 힘을 주고 기다림의 시작은
행복한 상상으로 채워진다.

돼지 잡던 날

하루에 100원씩 용돈을 받아 아껴 쓰고 또 아껴 써 돼지 저금통에 열심히 저금을 했다. 하지만 생각만큼 쉽게 돼지 저금통은 채워지지 않았다. 가끔씩 동전 넣는 구멍 사이로 동전들이 보였다. 구멍 사이로 보이는 동전들이 나에게 이렇게 이야기를 하는 것만 같았다.

'나 좀 꺼내줘.'

어린 마음에 다 채워지지 않은 돼지 저금통을 보면서 중간 중간 꺼내서 쓰고 싶은 유혹도 많았지만 그보다 저금통을 빈틈없이 꽉 채워서 한 번에 뜯기로 마음 먹었다.

그렇게 용돈을 모으기 시작한 지 1년 남짓 흘렀을까? 그 날도 용돈을 받고 어김없이 저금을 하려는데 더 이상 돈이 들어가지 않았다. 태어나서 처음으로 저금통을 꽉 채운 것이다. 내 자신이 너무도 대견하고 기특했다. 나는 너무 기뻐 이 사실을 어머니께 곧장 알렸다.

"엄마, 저금통이 꽉 찼어요!"

나는 우리 가족 모두 지켜보는 가운데 돼지 저금통 속의 재산 공개식을 가졌다. 날카로운 칼 끝으로 동전이 가득 찬 빨간 돼지 저금통의 배를 가르던 그 날이 아직도 그림처럼 생생하다. 그때 그 감격이란 이루 말할 수 없었다.

그동안 먹고 싶고 갖고 싶은 것 꾹 참으며 모았던 돈이 아닌가?

돼지 배를 힘껏 벌리고 안을 가득 채운 동전들을 바닥에 쏟아 놓았다. 10원, 50원, 100원 짜리 동전들이 한데 엉켜 있었다. 당시만 해도 그렇게 많은 동전을 한꺼번에 본 적이 없었다. 우리 가족 모두가 바닥에 펼쳐진 동전들을 같은 것끼리 모아 10개씩 정리를 했다.

정확히 기억은 나지 않지만 7,800원을 조금 넘었던 것 같다. 10원짜리가 꽤 많이 들어 있어 그 정도 밖에 안된 것 같다. 만 원도 되지 않은 적은 액수의 돈이었지만 저금통을 가득 채우기에 충분했다. 뿐만 아니라 그 순간만큼은 세상 어느 부자도 부럽지 않았다.

그날 밤, 나는 통장을 만들 꿈에 좀처럼 잠을 이룰 수 없었다.

다음날 아침 일찍 어머니와 집에서 가까운 은행을 찾았다. 가는

길에 내 이름으로 된 도장도 만들었다.

그 짜릿한 기분이란….

너무 좋았다. 내 통장이 생기고 도장까지 생긴 것이 아닌가? 게다가 나에게 목돈이 생긴 것이었다.

용돈기입장은 은행 예금으로 인해 남은 돈은 '0'원이 되었고 돼지 저금통도 사라져 버렸지만 대신 내 이름으로 된 통장이 생겼다. 하루 빨리 동전을 가득 모아 다시 은행을 찾고 싶은 생각이 간절해졌다. 아버지는 내게 새 저금통을 사 주셨고 계속해서 저금을 했다.

아버지와 어머니는 내 통장에 있는 돈은 절대 손대지 않으셨다. 심지어 나에게 온 우편물 하나도 함부로 뜯어보지 않으신다.

그때 난 모든 아이들이 나처럼 자신의 통장을 직접 관리하는 줄만 알았다. 초등학교를 졸업한 지 오래되어 지금도 학교에서 저축하는 날이 따로 정해져 있는지 모르겠지만 내가 초등학교를 다닐 땐 매월 저축을 하는 날이 있었다.

초등학교를 졸업하면서 그 돈은 고스란히 내 통장으로 옮겨졌다. 하지만 친구들의 돈은 각자 부모님의 통장으로 옮겨졌다.

"너 저금한 돈 어떻게 할 거야?"

솔직히 "저금 할 거야" "~ 살 거야"라는 식의 대답을 기대했다.

"엄마 드려야지. 중학교 갈 때 쓴다고 엄마가 한 푼도 쓰지 말고 그대로 가져오래."

솔직히 이해가 되지 않았다. 자신의 용돈을 아껴 6년간 모은 돈의 주인이 '내가' 아닌 엄마라니. 나중에 알았지만 내 또래 친구들의 저금은 쌈짓돈이라며 친구들의 통장을 부모님이 직접 관리하다가 필요하면 임의로 그 돈을 사용하는 경우가 많았다. 이와 달리 내게 일찌감치 돈을 스스로 관리하는 습관을 갖게 해준 나의 부모님께 너무 감사할 따름이다.

어느 날, 아버지는 무언가 큰 물건을 하나 들고 퇴근하셨다. 그 큰 물건의 정체는 다름 아닌 저금통. 내 돼지 저금통보다 무려 10배는 더 큰, 색깔도 빨간색이 아닌 노란색 돼지 저금통이었다.

그 저금통은 아버지가 회사에서 500원짜리 동전만 몇 년동안이나 모은 것이었다.

저금통도 컸지만 저금통 배를 가르는 순간, 쏟아져 나오는 동전의 양은 실로 엄청났다. 우리 집 전체가 온통 500원짜리 동전으로 가득 채워진 느낌이었다. 그 많은 동전을 우리 식구가 10개씩 정리하는데도 시간이 꽤 걸렸다. 모두 세어보니 자그마치 60만 원이 넘었다.

그때 아버지가 얼마나 위대해 보였는지 모른다. 나도 열심히 모아서 언젠가 50만 원을 만들어 보리라 다짐했지만 이제 겨우 만 원도 못채운 내 저금통으로는 좀 힘들어 보였다.

그 이후 내 용돈은 하루 100원에서 한 달 5,000원으로 전격 인상되었다. 그동안 아껴 쓰고 저금을 열심히 한 상으로 용돈을 올려주신 것이다. 대신 저렴한 학교 준비물(예를 들어 도화지나 화선지, 기름종이 등)은 내 돈으로 사야했지만 매일 조금씩 받는 용돈에서 한 달 치를 한꺼번에 받는 것이 더 기뻤다.

하루로 보면 60원 정도의 가격인상이지만 전체 2,000원의 용돈 인상은 하루 60원 그 이상의 것이었다. 그것은 아버지가 나를 믿는다는 말없는 표현이기 때문이다.

저금에 재미를 붙이던 터라 돈만 보이면 저금을 하고 싶어 갖고 싶거나 먹고 싶은 것은 안중에 없었다. 어쩌다 먹고 싶은 것을 사도 잔돈 10원은 꼭 저금을 했다.

당시 우리 동네 슈퍼마켓에서는 90원짜리 과자를 사면 10원의 거스름돈을 거슬러 줘야 했는데 어른들에게는 10원을 주면서 아이들에게는 10원 대신 껌이나 사탕을 대신 주었다.

나는 껌이나 사탕이 아닌 10원이 필요했다. 그래서 항상 10원으로 달라고 했던 기억이 난다. 때론 어머니에게 용돈을 다 써 '하나도 없다' 하고는 돈을 받아 학교 준비물을 사고 저금을 하는 사랑스런 거짓말쟁이가 되기도 했다.

나는 집안 구석구석에서 동전 찾기를 감행하기도 했다. 우리 집에 보이는 모든 동전은 내 것이었다. 눈에 보이면 즉시 내 돼지 저금통에 집어넣었다. 동전이 보이지 않으면 심지어 장롱 밑으로 긴 막대기를 집어넣어 동전을 찾기도 하고 소파 사이에 숨어있는 동전을 찾기도 했다.

이런 노력(?) 끝에 초등학교 5학년 때, 불가능 할 것같던 목표 50만 원을 달성할 수 있었다. 드디어 통장 잔액이 50만 원이 넘은 것이다.

'언제 50만 원 모으나' 싶었는데 꿈은 정말 이루어졌다.

1989년 당시의 50만 원은 2005년 기준으로 100만 원 정도의 가치를 지니고 있다. 정확한 액수를 추정하기는 힘들지만 현재와 당시의 물가 수준을 대비해 보았을 때 1989년보다 쌀값, 금값, 소비자 물가 지수가 각각 약 2배, 1.8배, 2.1배 정도 상승했기 때문이다.

'젊었을 때 좋은 습관을 들이면 인생이 달라진다'고 아리스토텔레스가 말했다. 저금하는 습관만큼 좋은 습관도 없는 것 같다. 돈을 모아 은행에 가서 저금하는 습관은 어찌 보면 적금과 비슷한 것일 수도 있다. 꾸준히 은행에 가서 입금을 했으니 말이다.

나는 그때의 버릇으로 직장을 다니는 지금도 용돈을 받아 무조건 통장에 저금부터 하고 필요할 때만 1~2만 원씩 찾아 쓰고 특별한 경우에만 카드를 쓰고 있다. 특히 요즘은 적금에도 신경을 많이 쓰고 있어 적금 만기를 기다리면서 통장을 보고 또 본다.

내가 태어나서 가장 많이 본 것이 다름 아닌 저금통장이다.

영국의 소설가 조지 버나드 쇼가 말했다. '지금까지 읽은 책 중에서 가장 감명 깊게 읽은 책은 자신의 저금통장이라고….'

힘겹고 고달플 때면 언제든 힘든 시절의
초심으로 돌아가면 된다.
좌절하고 무릎 꿇을 때 절망은
절망으로 끝나지만 딛고 일어서는 이에게는
새로운 세상이 열린다.

너무도 소중한 천 원

휴일은 피곤한 일상에서 벗어날 수 있는 달콤한 날이다. 늘어지게 아침잠을 자도 누가 뭐라 할 사람도 없다. 또 시간표처럼 정해진 일이 아닌 내가 하고 싶은 일을 해도 된다. 그래서 누구에게나 기다려지는 시간이다.

초등학교 시절 휴일에는 대부분의 시간을 친구들과 뛰어 놀거나 가족과 함께 시간을 보냈다.

어느 휴일 오전….

머리를 자르러 이발소를 찾았다. 지금은 남자 전문 커트도 5,000원이지만 당시 1,000원에 머리를 자를 수 있는 단골 이발소가 있었다. 아버지는 만 원을 주면서 혼자 머리를 자르고 오라고 하셨다.

지금도 그렇지만 나는 누군가가 내 머리카락을 만져주면 거짓말처럼 잠이 솔솔 온다. 그날도 어김없이 머리를 자르는 동안 꾸벅꾸벅 졸다가 이발소를 나왔다. 집에 가는 길에 얼음땡을 하고 있는 동네 친구들이 보였다. 그때부터 내 머릿속은 온통 얼음땡 놀이 뿐이었다.

'얼른 집에 가서 아빠에게 남은 돈을 드리고 와서 친구들이랑 놀아야지.'

그런데 이게 어찌 된 일인가? 분명 이발소에서 집으로 곧장 달려왔건만 집에 와서 확인한 잔돈은 9,000원이 아닌 1,000원이 부족한 8,000원 뿐이었다.

아버지는 거짓말처럼 사라져버린 1,000원의 출처를 물었고 그 돈을 찾기 전에는 집에 들어올 생각도 하지 말라고 하셨다. 나는 거의 쫓겨나다시피 집밖을 나섰다. 밖으로 나오니 친구들은 여전히 신나게 놀고 있었다.

'그 1,000원만 아니었다면 분명 나도 저 틈에 끼여 놀고 있을 텐데…' 라는 미련과 아쉬움에 없어진 1,000원이 더욱 원망스러워졌다.

당시 이발소와 우리 집은 내 걸음으로 채 5분도 되지 않는 가까운 거리였다. 땅만 쳐다보면서 같은 길을 오가기를 몇 번이고 반복했지만 야속한 1,000원은 보이지 않았다.

한 번, 두 번 골백 번을 생각해 봐도 이발소에서 집까지 주머니 밖으로 돈을 꺼낸 적이 없었기에 어딘가에 돈을 흘리지는 않았다. 그렇다면 이발소에서 정확히 9,000원의 거스름돈을 받았을까라는 의문이 들었다. 당연히 9,000원이겠거니 싶어 돈을 확인하지 않았기 때문에 1,000원이 없어진 장소는 이발소가 확률적으로 가장 높았다.

그런데 이발소에 가서 뭐라고 얘기할지 난감했다. 얼마나 지났을까? 해가 뉘엿뉘엿 지고 있었다. 얼음땡과 다방구 놀이를 하던 동네 친구들도 하나 둘 집으로 돌아갔다. 돈을 잃어버리기 전까지만 해도 자전거에 구슬치기까지 집밖은 친구들과 뛰어놀기에 더없이 좋은 장소였지만, 돈을 잃어버린 후 집밖은 초등학생인 나에게 무서운 곳으로 변해 있었다.

조금 있으면 밤이 될 것을 생각하니 없던 용기가 불끈 솟아올랐다. 없어진 1,000원의 출처를 분명 이발소 아저씨는 알고 있을 거라 믿었다.

"아저씨! 아까 만 원을 내고 머리를 잘랐는데 집에 가서 보니 1,000원이 부족해요."

"예끼, 이 녀석아! 지금 와서 그런 말을 하면 누가 믿어?"

“봐라. 이 아저씨는 이렇게 9,000원씩 돈을 묶어 놓고 잔돈을 거슬러 주기 때문에 그럴 일이 없어”라며 주머니 안에서 아홉 장씩 묶어진 1,000원짜리 뭉치를 꺼내 보여 주셨다.

청천벽력! 설상가상! 사면초가!

당시 나의 심정을 표현할 수 있는 말은 이 세상에 없을 정도로 앞이 암담했다.

그렇다면 도대체 1,000원은 어디로 갔단 말인가? 점심을 먹고 나와 줄곧 돈을 찾아 헤매다 보니 시간은 어느 덧 밤 9시, 집으로 발걸음을 돌렸다. 아버지의 심한 꾸중이 이어졌다.

1,000원이라는 액수가 중요한 것이 아니라 돈을 소중히 여기라는 아버지의 뜻이리라. 지금이야 그렇게 엄하게 야단치신 아버지의 마음을 알 수 있지만 당시에는 보고 싶은 TV도 못보고 친구들과 놀지도 못한 채 휴일을 보내 아버지를 무척 원망했었다.

그 이후 물건을 살 때는 얼마인지 알아도 다시 물어보고, 잔돈을 건네 받을 때도 그 자리에서 액수를 반드시 확인하게 되었다.

그리고 몇 달 후 토요일.

학교 수업을 마치고 집에 오니 어머니가 나를 불렀다.

“실내화 주머니에 실내화 하나가 없다.”

‘아니 또?’

‘조금 전까지 있던 실내화가 발이 달렸나 어디로 간거야?’

결국 나는 실내화를 찾으러 다시 집과 학교 사이를 몇 번이나 왕복했고 다행히 이번에는 잃어버린 1,000원과 달리 학교 운동장에서 흙먼지를 뒤집어 쓴 내 실내화 하나를 찾을 수 있었다.

안도의 한숨이 절로 나왔다.

‘휴….’

무섭기만 했던 아버지. 하지만 이런 아버지에게 감동받은 일이 있었다.

초등학교 아이들에게 오락실은 훌륭한 놀이터였다. 내 친구들도 하나같이 오락 삼매경에 빠져 학교 끝나는 시간을 오락실 등교 시간으로 정해놓고 매일같이 출석 도장을 찍을 정도였다. 나 또한 오락을 좋아했지만 저금하는 게 더 좋아서 그저 구경하는 것으로 마음을 달래곤 했다.

그런데 오락실에서 한참 친구들과 어울려 놀던 어느 날, 오락실 앞에서 부모님을 만났다. 1,000원이 없어졌을 때도 그렇게 혼이 났는데 직접 오락을 하지는 않았지만, 변명을 싫어하는 부모님께 뭐라 말을 해야 할지 앞이 캄캄해졌다.

아버지는 나에게 물었다.

“오락이 그렇게 하고 싶냐?”

“……”

속마음을 쉽게 털어 놓을 수는 없었다.

“오락이 그렇게 하고 싶었어?”

아버지의 목소리가 부드러웠다. 그래서 용기를 냈다. ‘오락을 하진 않았어요’ 라는 핑계도 대지 않았다.

그저 “네”라고 짧게 대답했다. 아버지는 지갑에서 1,000원짜리 두 장을 꺼냈다.

“이거 가지고 가서 하고 싶은 만큼 맘껏 하고 와.”

“……”

“자, 어서.”

2,000원을 받아들고 마지못해 오락실로 향했다. 하지만 오락 게임이 시작되는 순간 아무런 망설임도 없었다. 당시 한 게임당 50원이었고 40판을 할 수 있는 두둑한 밑천이 있었기에 구경 하느라 그 동안 주머니 속에만 들어있던 나의 손가락은 날개를 단 듯 현란한 손놀림을 멈추지 않았다.

얼마가 지났을까? 40개 중 마지막 동전 하나를 기계에 집어넣고 얼마 뒤 ‘GAME OVER’ 라는 메시지가 떴을 때 오락실은 조금 지겨운 곳이 되어 있었다. 눈도 팔도 아팠다.

집으로 돌아온 내게 아버지는 이렇게 물었다.

“재미있었어?”

"네."

"또 가고 싶으면 이야기 해. 엄마, 아빠 몰래 가지 말구."

그날 이후 난 오락실에 발도 들여놓지 않았다. 말린 사람도 없었고 누가 시킨 것도 아니었다. 더 이상 오락실이 재미있지 않았을 뿐이었다.

아버지는 내가 돈이든 물건이든 무엇이든지 소중히 여기는 사람이 되길 원했다. 평소에 직접적으로 말은 하지 않으셨지만 밥을 먹을 때도 밥 한 톨이라도 남기면 꾸중을 들었고 책과 공책도 지저분하게 쓰면 혼이 났다.

그런 아버지 덕분에 지금 내가 보관하고 있는 초등학교 책과 공책들을 보면 정말 깨끗하다. 친구들이 내가 초등학교 때 쓰던 공책을 보곤 "새 공책을 모으고 있네"라고 말할 정도다.

또한 그 이후 돈을 잃어버린 적이 단 한 번도 없었으며 남들이 흔하게 잃어버리는 우산, 핸드폰 등도 잃어버리지 않았다.

무엇이든 소중히 하면 잃어버린 것을 찾느라 시간을 낭비하지 않아도 되고, 또 잃어버린 것이 없으니 아쉬움과 허탈함에 마음고생하지 않아도 되는 것이다.

떼굴떼굴 만 원 굴리기

우리 돈 만 원

≒ 미국 돈 10달러
≒ 일본 돈 1,000엔
≒ 중국 돈 76위안
≒ 유럽 돈 7유로

우리 돈 만 원으로 할 수 있는 것

제일 조그만 케익 한 개

소망이 있으면 기적이 있다고 믿는다.
얼마나 시간이 남았는 지 모른다.
그래서 지금 이 순간에도 아끼고 또 아끼고 사랑하고 있다.

부자 꼬마! 주주가 되다

한가위!

대학교를 졸업하고서야 한국 최대의 명절이 추석이란 걸 인정했다. 학교를 다니던 내게 있어 설날보다 큰 명절은 있을 수 없었다. 이유는 아주 간단했다. 설날엔 나이 한 살 더 먹는다는 떡국도 먹을 수 있었지만 추석엔 없는 세뱃돈이 기다리고 있었기 때문이다.

100원의 용돈으로 용돈기입장을 채워 가던 나에게 설날은 1년에

딱 한 번 있는 공식적인 '로또 당첨날'로 인생역전을 꿈꿀 수 있는 더없이 좋은 기회였다.

여행은 남녀노소를 막론하고 목적지가 어디든 상관없이 그 자체만으로 사람을 흥분시킨다. 내게 익숙해져버린 것들에서 잠시 탈피해 새로운 것을 접한다는 것은 어린 나를 유혹하기에 충분했다. 그래서인지 설날만 되면 고운 한복을 차려입고 고속버스나 기차를 타고 시골로 가는 친구 녀석들이 무척이나 부러웠다.

하지만 나는 외가와 친가가 모두 서울에 있어 기껏해야 소풍이나 보이스카우트에서 가는 캠프 정도로 나의 탐험가적 기질을 달래야만 했다.

친가와 외갓집이 모두 서울에 있었기 때문에 좋았던 점은 오전에는 친가, 오후에는 외갓집에 갈 수 있었다는 것이다. 따라서 자연스레 짧은 시간 안에 많은 세뱃돈을 받을 수 있었다.

그때 받은 세뱃돈의 순수입이 자그마치 9만 원을 넘었으니! 그것은 당시의 용돈을 단 하루도 빠짐없이 2년반 정도를 꼬박 모아야 만져볼 수 있는 엄청난 금액이었다. 만약 이런 기쁨(?)마저도 없었다면 내 어린 시절의 명절은 너무나 무미건조했을 것이다.

세뱃돈은 내 주머니에 두둑히 있었고 난 로또에 당첨이 된 것 마냥 기뻤다. 하루 빨리 설 연휴가 끝나 은행에 가서 내 저금통장을 불리고 싶은 마음뿐이었다.

설날이 며칠 지난 어느 날, 아버지가 나를 불렀다.

"세뱃돈으로 뭐하고 싶니?"

"저금할래요."

그런데 아버지는 어머니를 부르시더니,

"여보, 내일 증권회사에 가서 계좌 만들고 서울신탁은행으로 20주만 사요."

'증권회사?'

그때까지 주식에 'ㅈ'자도 몰랐던 나였기에 부모님의 대화 내용을 도통 알 수가 없었다. 다만 증권회사는 어른들이 가는 곳이라 나와는 상관없는 딴 세상으로만 알고 있었다.

다음날 어머니와 함께 찾은 증권회사는 실로 엄청난 곳이었다. 돼지를 잡아 내 이름으로 된 저금통장을 만들던 은행과는 달랐다. 컴퓨터도 많고 사람들도 많았다. 빨리 어른이 되고 싶었던 나는 아주머니와 아저씨만 들어갈 수 있는 곳이라 생각했던 곳에 서 있는 것만으로도 벌써 어른이 된 것만 같았다.

나의 눈을 가장 현혹시킨 것은 다름 아닌 정면에 걸려 있는 대형 숫자판. 형형색색의 숫자들이 쉴 새 없이 마구 움직이고 있었다. 그 숫자판 앞에는 소파들이 주욱 놓여 있었고, 아저씨와 아주머니들은 무표정하거나 심각한 얼굴로 팔짱을 끼고 다리를 꼰 채 숫자판만을 예의 주시하고 있었다. 어머니는 넋을 놓고 구경에 한참인 나의 손을 붙잡고 창구 앞에 앉아서 계좌를 만들고 돈을 입금했다.

그리고 종이에 뭔가를 적어 앞에 있는 아저씨에게 건네주었다. 나중에 알았지만 어머니는 매수전표를 작성했던 것이다. 지금은 인터넷 거래가 활성화 되어 매수전표를 쓰는 일이 거의 없지만 그때는 매수전표를 써야만 주식 매매가 가능했다.

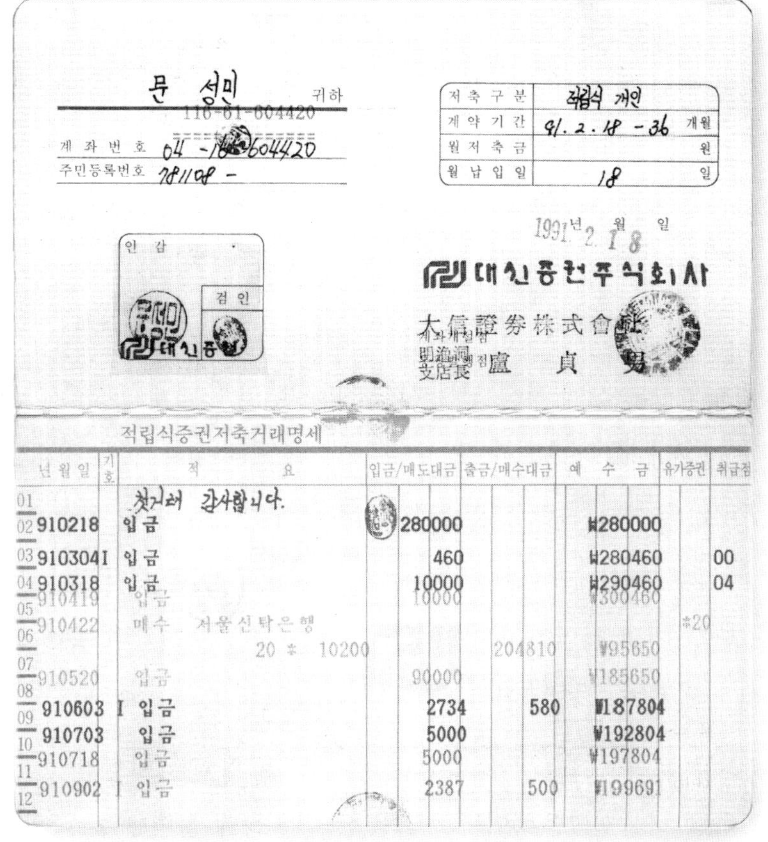

• 13세때 처음 마련한 주식통장.
 아버지는 세뱃돈으로 받은 목돈으로 나에게 주식을 가르쳐 주셨다.

매수전표를 작성하고 내 이름으로 된 20주의 서울신탁은행 주식을 보유하게 되었다.

솔직히 뭐가 뭔지 몰랐지만 기분이 썩 나쁘지만은 않았다. 계좌를 만들고 받은 증권통장이 은행통장보다 좀 길고 크기가 크다는 것도 맘에 들었다.

지금에 와서 생각해보면 아버지는 내가 나이가 어려서 위탁계좌가 아닌 증권저축통장으로 주식을 매입하도록 했고, 주식 하락의 위험을 최소화 하고자 당시 등락폭이 매우 작았던 금융주를 선택했던 것 같다.

집에 와서 통장에 적혀 있는 서울신탁은행이 도대체 뭘 하는 곳인지 궁금했다.

아버지는 이런 나의 물음에 '신문에 나와 있으니 직접 찾아보라'고 하셨다. 자식에게 고기를 주지 말고 고기 낚는 법을 가르쳐 주라는 '탈무드'의 격언처럼 아버지는 궁금한 것을 물어보면 국어사전이나 백과사전을 직접 찾아보고 그래도 모르면 물어보게 했다.

두 손으로 들기에도 버거웠던 큰 백과사전. 한참을 뒤적이다 보니 중간쯤에 서울신탁은행이라는 작은 글씨가 눈에 들어왔다. 나의 호기심은 여기서 그치지 않았고 신문을 통해 그날 그날 보도되는 주식 시세에 관심을 기울이기 시작했다.

나는 내 주식이 얼마나 올랐을까, 아니면 내렸을까 너무 궁금해 집에 오면 신문이 올 시간만을 눈이 빠지도록 기다렸다.(그때는 조간 신문보다는 석간신문이 더 많았다) 신문을 거의 보지 않거나 보더라도 TV편성표를 보는 데 그치는 또래와는 확실히 달랐다.

나는 주식 시세면을 가장 먼저 펼쳐 보았고 화살표나 여러 가지 기호들이 무엇을 의미하는지 아버지를 통해서 알게 되었다. 아는 만큼 보인다고 했던가? 점차 신문이 재미있어지기 시작했고 차츰 주식면뿐만 아니라 경제면에도 자연스레 눈이 가기 시작했다.

결국 내 세뱃돈은 주식이 되었다. 13세에 주주가 된 것이다.

언젠가 13세 때부터 주식거래를 시작했다는 나에 관한 기사가 잡지에 실린 적이 있었다. 기사를 보고 어떤 분들은 이렇게 질문을 하셨다.

"13세면 나이 제한 때문에 주식을 살 수 없었을 텐데?"

나이가 어려도 주식거래를 할 수 있다. 한국은 주식거래가 도입된 순간부터 지금까지 주식거래에 나이 제한을 둔 적이 없다. 하지만 대부분의 사람들은 주식거래를 할 때 연륜도 있어야 되고 어느 정도 자금이 있어야만 하는 것으로 인식하고 있다.

이는 잘못된 편견이다.

만일 초등학생이 증권회사에 가면 "엄마 찾으러 왔니?" 하고 물을 수도 있다.

밥 먹는 데 나이가 필요 없는 것처럼 돈 굴리기에도 나이가 필요 없다. 생각의 틀을 깨는 것이 그렇게 어려운 것은 아니다. 모 광고처럼 대부분 사람들이 작은 수영복을 찾을 때 혼자 전신 수영복을 입고, 모두 서서 출발할 때 혼자 앉아서 출발하는 것처럼 생각의 틀을 깨자.

재테크는 조금이라도 빨리 시작하는 사람이 유리하다. 어렸을 때부터 돈에 대해 조금이라도 관심을 가지면 경제 감각을 키우는 데 도움이 많이 된다. 지금 나와 비슷한 나이 혹은 나보다 나이가 훨씬 많은 사람도 주식거래 한 번 해보지 못한 분들이 의외로 많다. 심지어는 주식거래를 어떻게 해야 하는지 조차 모르는 경우도 많다.

이에 비하면 나는 아버지 덕분에 정말 어린 나이에 주식 세계에 입문할 수 있었다. 게다가 주식뿐만 아니라 경제 전반에 걸쳐 관심을 가지게 되어 자연스레 돈 굴리기에도 중요한 계기가 되었다.

꿈을 이뤄보겠다는 신념은
좌절의 시간에 다시 일어서고
고통의 시간은 인생의 묘약과도 같다.
도전하는 사람은 그래서 아름답다.

이상한 나라의 폴

주식에 대해 조금씩 알아가면서 주식을 가지고 있다는 것에 대한 자부심도 커졌다. 친구들은 물론 선생님에게도 자랑하고 싶었지만 어차피 말해도 잘 모를 것 같아 마음속으로만 좋아하고 있었다. 친구들이 하지 않는 것을, 어른들이 하는 것을 내가 하고 있다는 생각만으로도 스스로가 자랑스럽기까지 했다.

혹시나 '초등학생이 공부는 뒷전이고 주식에 신경 써서야 되겠냐'고 질문하는 분들도 있을 것이다. 아버지는 이런 질문이 나올 것을 예상을 하셨는지 내가 학교 공부에도 신경 쓸 수밖에 없는 '장치'를 해뒀다.

학교에서 집으로 오면 무슨 일이 있어도 숙제를 먼저 해야 했고 내일 학교 갈 준비를 끝내 놓아야만 내가 하고 싶은 일들을 할 수 있었다. 일요일에는 문제집 한 권을 모두 풀어야지만 TV를 보든, 밖에 나가서 놀든지 할 수 있었다.

일찍 일어나서 문제집을 빨리 풀면 그만큼 내 시간이 늘어났고 늦게 일어나서 늦게 끝내면 그만큼 시간은 줄어들었다. 그렇기에 주식에 대해 알고 싶어도 내가 해야 할 일을 먼저 끝내야만 했다.

또한 다른 친구들이 속셈학원을 다니면서 학업에 열중하고 있을 때 나는 바둑학원을 다녔다. 이것 역시 아버지의 권유였다. 나는 비교적 먼거리를 학원 차를 타고 다녔다. 바둑을 처음 배울 때는 사실 마지못해 배웠다. 하지만 바둑을 통해 많은 좋은 것들을 얻을 수 있었다. 군대에서 바둑대회에 나가 1등을 해 휴가를 나왔고, 주식투자를 할 때나 경제에 대해 나름대로 생각할 때 항상 서너 수 앞을 내다보는 안목을 키울 수 있었다.

주식 때문에 TV에 나오는 뉴스도 귀에 들리기 시작했다. 그 전까지만 해도 뉴스만 나오면 뭔 소리 하는지 전혀 알 수 없었고 알고 싶지도 않아 채널을 돌려 버렸다. 한 회사의 주주가 된 이후 정치나 사회적인 얘기에 대한 거부감은 완전히 없어졌고 주식시황이 머리에 들어왔다.

신문이나 TV를 보면서 내가 가지고 있는 주식의 등락폭이 너무도 작다는 것을 알게 되었다. 올라야 100원, 내려야 100원이었다. 반면 다른 주식은 등락폭이 훨씬 크고 내가 산 주식이 100원 올랐을 때 그 주식은 1,000원 이상 올랐다. 차라리 저걸 샀으면 좋았을 거라는 생각이 들었다.

그때 만화 '이상한 나라의 폴'이 생각났다. '이상한 나라의 폴'의 주인공 폴은 위급한 상황이나 원치 않는 상황이 오면 시간을 정지시켜 놓고 자신과 인형, 애완견만 과거로 돌아간다. 과거로 돌아가서는 위급한, 원하지 않는 상황이 나오지 않게 하고 다시 현재로 돌아와 평온한 일상을 보낸다.

내가 만약 폴이 된다면 시간을 정지 시켜 놓고 과거로 돌아가 서울신탁은행 주식을 사지 말고 더 많이 오른 종목을 사면 부자가 될 수 있지 않을까 생각했다.

하지만 그것이 어리석은 생각이었음을 금방 알 수 있었다. 주식은 단 한 주만 사는 것이 불가능하고 최소 거래 단위가 있어 그 조건을 충족시키려면 내가 가지고 있는 돈으로는 원하는 것을 살 수 없다

는 것이다. 또한 등락이 크면 그만큼 하락할 위험도 많은 것이다.

'저 번에 그거 샀어야 했는데…' '만일 타임머신이 있다면 과거로 돌아가 그 주식에 '몰빵' 해서 대박 날 수 있을 텐데…'

누구나 이런 생각을 한 번쯤 해봤을 것이다.

내가 보유하고 있는 주식에 비해 눈여겨 봤던 다른 주식의 가격이 많이 상승하면 위와 같은 생각이 간절해질 때가 있다.

'저번에 그 아파트로 이사 갔어야 했는데…'

'강남의 아파트는 값이 또 올랐네'

집을 선택할 때에도 이런 말들을 많이 한다. 강남의 아파트 값이 올랐다는 소식을 듣고 배 아파할 것이 아니라 자신만의 대책을 마련하고 준비하는 것이 현명하지 않을까?

'~했어야 했는데…'

이런 과거에 대한 아쉬움은 누구에게나 있을 것이다. 과거에 대한 아쉬움이 지나친 나머지 집착으로까지 이어지는 사람들도 있다.

하지만 이륙한 비행기를 다시 내려오게 할 수 있는가? 비행기를 놓치면 다음 비행기가 꼭 있다.

잃어버린 기회는 다시, 반드시 돌아온다.

'어리석은 자는 과거에 집착하고 현명한 사람은 과거를 활용한다' 는 말처럼 과거에 대한 아쉬움은 잠깐으로 족하고 대신 다음에 찾아올 미래를 대비하는 준비를 하는 것이 더 현명하다.

‘한 번 돌부리에 걸려 넘어진 아이는 다시 그 돌부리에 걸려 넘어
지지 않는다’ 는 말처럼….

시작보다 끝이 가깝고 만남보다는 이별이 가깝다.
하지만 생명이 있는 한
가족을 아끼고 또 아낄 것이다.

잃어버린 건강은 그녀가 떠난 빈 자리다

꾸준히 용돈을 받고 용돈기입장도 쓰면서 통장에 저금한 금액은 나날이 불어갔다. 또한 내가 보유한 주식도 많지는 않지만 조금씩 올라 손해 보지 않는 상황이 지속되다보니 항상 부자라는 생각에 행복했다.

게다가 아버지는 무슨 행사만 있으면 우리 식구를 TV에 나오는 근사한 레스토랑에 데려가서 아버지와 어머니는 와인을, 우리는 소위 '칼질'을 하면서 스테이크를 먹었다. 돈까스만 먹어본 친구들과는 달리 스테이크를 먹었다는 사실이 항상 자랑거리였다.

여기서 아버지 자랑을 좀 더 해야겠다.

아버지는 매사에 진취적이고 도전적이며 뭐든지 할 수 있는, 그래서 주위의 모든 사람들이 인정하는 대단한 분이었다. 누구나 부러워하는 공사합동기업의 과장이라는 직급에 초고속으로 승진했고 또한 사업도 병행하실 만큼 이상도 크고 목표가 확실한 분이었다.

이런 아버지 덕분에 여섯 살 때 새로 지은 아파트에서 살 수 있었고 초등학교 6학년 때에는 50평대 대형 아파트를 분양받아 경제적인 여유를 만끽하며 별 어려움 없이 자랐다.

아들과 딸에게는 어려서부터 '돈 굴리기 도사'가 될 수 있게 미리

● 아버지, 어머니, 동생과 나. 아버지가 암으로 돌아가시기 1년전 사진이다.
아버지는 철부지 두 아이와 집밖에 모르던 어머니만 남겨놓고 하늘 나라로 가셨다.

미리 준비하게 하셨다.

하지만 아버지는 너무 빨리 달렸던걸까? 행복했던 가정에 청천벽력과 같은 소식이 전해졌다. 아버지의 암 선고. 암이라는 병은 걸리면 거의 대부분 죽는 병으로 알고 있던 나에게 크나큰 충격이었다. 아마추어 테니스 대회에 나가서 상도 타시고 운동을 좋아해 누구보다도 건강을 자신하던 아버지였기에 정말 의외였다.

아버지는 어떻게 하든 병을 고쳐보려고 노력했다. 유명한 의사에게 수술도 받았고 지방에 내려가 민간요법을 써보는 등 할 수 있는 것은 뭐든 했다. 하지만 병의 진행속도는 아버지의 투병의지보다 빨랐다. 수단과 방법을 가리지 않고 암을 이겨내기 위해 천신만고 애를 썼지만 2년의 투병생활 끝에 결국 이루지 못한 꿈과 세 식구를 남긴 채 머나먼 여행을 혼자서 떠나셨다. 여지껏 게임이라곤 져본적이 없던 아버지가 생명을 담보로 한 암과의 게임에선 힘없이 무릎을 꿇고 만 것이다.

그 때 내 나이 14살, 철부지 동생은 12살이었다.

아버지는 떠났다. 그동안 힘들게 일구어 놓았던 많은 재산의 대부분은 투병생활에 쓰였고 남은 세 식구는 그동안 겪어보지 못했던 어려운 생활을 시작해야만 했다. 그래도 아버지가 일구어 놓은 탄탄한 기반 덕에 우리 세 식구, 새로 시작할 만큼의 재산은 남겨져 있었다. 주위의 얘기를 들어보면 오랜 병원생활은 가족들을 심리적

으로나 금전적으로 굉장히 힘들게 만들고 투병생활 중에 남긴 엄청
난 '마이너스 재산'은 가족들의 의마저 상하게 한다고 했다.

 가족 중 누구 하나가 아프면 아픈 본인이 제일 괴롭고 힘들지만
그 고생은 결코 혼자만의 몫이 아니다. 모든 가족 구성원이 다 힘든
것이다. 병원에 연고가 없고서야 큰 종합병원에서 용하다는 의사의
진찰만 받으려 해도 3개월 이상을 기다려야 했다. 입원이라도 하려
면 소견서니 뭐니 요구하는 것이 왜 이리 많고 절차는 또 왜 그리
복잡한지. 정말 병 고치러 갔다가 병 얻어오지 않는 것만도 다행으
로 여겨야 한다.

 하지만 건강을 위협하는 요소들은 도처에 도사리고 있다.

 건강은 건강할 때 지켜야 한다는 것은 누구나 알고 있다. 체험보
다 가장 좋은 학습이 없다고 하지만 목숨을 건 학습인데 굳이 체험
을 해봐야겠다고 나서는 무모함은 제발 없길 바란다.

 "뜨겁다. 데인다. 가까이 가지 마라." 수십 번을 외쳐도 불에 직접
데이고 나면 누가 뭐라 하지 않아도 불 옆에는 가지 않게 된다. "담
배 끊어라. 몸에 해롭다"고 이주일씨가 생을 마감하면서 그렇게 외
쳐도 심지어 쥐와 닭을 죽여가면서까지 동물실험을 해도 폐 한 구
석을 들어내야 그제서야 담배를 끊을 것이다.

 흔히 쥐를 통해 사람에 관한 실험을 하곤 한다. 담배 성분 중 니코
틴과 타르를 추출해서 쥐에게 투여하면 10분 후 발작을 일으키다

죽게 된다. 그런데 사람은 담배를 십여 년 동안 피워도 괜찮다. 이유는 간단하다. 쥐는 작기 때문에 금방 죽고 사람은 몸집이 크기 때문에 서서히 죽어가는 것이다.

폐암에 걸린 후 담배를 끊어 봤자 무슨 소용이 있겠는가? 간암에 걸린 후 술을 끊어봤자 무슨 소용인가?

이 세상엔 목숨을 건 위험한 도박에 배팅을 하는 무지몽매한 사람이 의외로 많다. 뒷북쳐야 소용없다. 건강은 건강할 때 지켜야 한다는 것이 진리이자 원칙이다.

원래 맛있고 먹고 싶은 음식은 몸에 해롭고 몸에 이로운 음식은 맛이 없다. 맛있지만 몸에 해로운 음식은 조금씩 줄여가고 대신 맛은 없지만 몸에 이로운 음식을 조금 더 먹는 것은 일상생활에서 조금만 신경 쓰면 될 것이다.

요즘 '웰빙(well-being)'이라는 단어가 들어가지 않으면 장사가 안 된다고 한다. 웰빙 다이어트, 웰빙 화장품, 웰빙 요가, 웰빙 삼겹살, 심지어 팬티까지… 웰빙이란 단어를 붙여 놓았더니 고가에도 불구하고 날개 달린 듯 팔리고 있는 걸 보면 그만큼 건강에 대한 욕구가 커진 것을 알 수 있다.

하지만 진정한 웰빙이란 치장에서 오는 것이 아니라 몸과 마음의 안녕을 통해 행복을 누릴 때 가능한 게 아닐까 싶다.

돈 굴리기도 몸이 건강해야 가능하다. 부동산 투자를 위해 다리품을 팔아야 하는데 관절염으로 고생하면 다리품을 파는 데 어려움을 겪을 것이다.

또 한 가지. 내가 어머니께 한 약속이며 누구나 다짐했을 부모님과의 약속.

"돈 많이 벌어서 부모님 호강시켜 드릴게요."

K씨는 노력 끝에 성공을 했다. 이제는 부모님을 호강시켜 드릴 준비가 끝났다고 생각하고 아내와 아이들 그리고 부모님과 함께 외국으로 여행을 가려고 모든 준비를 끝마쳤다.

이제는 공항으로 출발하기만 된다.

"아버지, 어머니! 준비 다 되셨어요? 비행기 시간 다 되었어요."

그런데 갑자기 부모님이 자식에게 말씀 하신다.

"누구세요?"

바로 치매인 것이다. 자식들을 못 알아보고 금과 똥을 구분을 못하는 정말 무시무시한 병이 아닐 수 없다. 혹자는 암보다도 더 무서운 병이라고 한다. 하지만 치매는 충분히 예방을 할 수 있다고 한다. 그것은 가족 구성원들의 몫인 것이다.

건강이 좋지 않아 내일이면 세상을 하직할 사람에게 돈이 아무리 많고 권력이 있고 명예가 있으면 뭐하는가? 건강이라는 조건 없이는 모두 인생무상이다.

시간이 흘러 이제는 사진 속의 아버지와 지금의 내 나이는 10살 차이밖에 나지 않는다. 곧 있으면 사진 속의 아버지보다 내 나이가 더 많아질 것이다.

아직도 기억에 생생하다. 아버지의 마지막 순간이. 아버지는 투병으로 지쳐 있었고 호흡조차 힘들어 인공호흡기에 생명을 의지하고 있었다. 굵은 호스를 입에 물고 '삑삑' 거리는 알람 소리 외에는 아무 소리도 낼 수 없었다.

좁은 침대 위에서 온갖 기계에 의지해 생명을 유지하고 있는 아버지의 모습은 더욱 야위어 보였다. 아버지의 눈가는 촉촉이 젖어 있었고 내민 손 위로 작은 떨림을 느낄 수 있었다. 작은 내 손을 꼭 쥐시며 고개를 끄덕이셨다.

나는 아버지가 무엇을 말씀하려고 했는지 비록 아버지의 음성을 귀로는 듣지 못했지만 마음으로 들을 수 있었고 알 수 있었다.

떼굴떼굴 십만 원 굴리기

우리 돈 십만 원
≒ 미국 돈 100달러
≒ 일본 돈 10,000엔
≒ 중국 돈 760위안
≒ 유럽 돈 71유로

우리 돈 십만 원으로 할 수 있는 것
백화점 상품권 1장

아버지가 아프지 않았더라면,
아버지가 돌아가지 않으셨다면,
그래서 절망이 뭔지 슬픔이 뭔지 몰랐더라면
과연 행복이 뭔지 알 수 있었을까?

이별 PART Ⅱ

이별을 즐겁게 맞는 사람은 없다.

정을 붙이기는 쉬워도 정을 떼기는 배 이상의 노력과 시간이 필요하니까. 만약 그 이별로 인해 보내야 하는 사람이 내 목숨을 대신할 만큼 소중한 사람이라면 더 많은 시간이 필요할 것이며, 이별 후의 시간들은 그 무엇으로도 채울 수 없을 정도로 공허할 것이다.

갑작스런 아버지의 빈자리는 우리 가족에게 너무 컸다. 혹자는 한 집안의 아버지가 돌아가실 때는 네 가지가 같이 없어진다고 말한다.

먼저 어머니에게는 남편이 없어지고, 아이들한테는 아버지가 없어지고, 아버지가 없으니 집안의 수입이 없어지고, 어머니는 돈을 벌러 나가야 하기 때문에 결국 아이들에게 어머니가 없어진다는 것이다.

어머니는 아버지와 우리 남매밖에 모르던 평범한 주부였다. 또한 초등학교도 졸업하지 않은 어린 동생과 사춘기를 막 접어든 나로서는 아버지 한 분의 빈 자리를 감당하기에 너무 벅찼다.

한 순간에 어머니는 가장이 되었고 평생 동안 해본적이라고 없는 장사를 하게 되었다. 처음 시작한 일은 속옷 장사였다. 주위에 큰 속옷 가게가 2개나 있어 경험도 없는 어머니 혼자서 가게를 운영한다는 것이 그리 쉽지 않았다.

중학교 2학년! 반항도 해보고 방황도 할 나이였지만 솔직히 당장 세 식구가 먹고 살 일이 막막했던 당시 내게 있어 사춘기는 사치였다. 아버지의 빈 자리를 혼자서 감당하기에 어머니의 어깨는 너무 작았다. 방과 후면 어머니를 돕기 위해 친구들과 온 동네를 누비며 전단지를 돌렸고, 학교 가기 전 이른 새벽에는 어머니를 따라 남대문 시장에 가서 물건을 떼어 오기도 했다.

한참 이성에 눈을 뜰 나이에 틈틈이긴 했지만 어머니를 대신해 속옷을 판다는 건 그리 쉬운 일만은 아니었다. 하지만 속옷을 판매하면서 사춘기 소년이 느낄 수 있는 창피함이나 쑥스러움은 한 푼이라도 더 깎으려는 손님들 앞에선 더없이 좋은 약점이 될 것 같아 내

색할 수 없었다.

지금의 내가 아무에게나 쉽게 속내를 비추지 않게 된 것도 이때 영향은 아닐까? '한 가지에 나도 아롱이다롱이'라고 누가 보는 것도 아닌 속에 입을 옷인데도 손님들 취향도 각양각색이고 주문사항은 어찌나 많던지. 손님들의 입맛을 다 맞춰주기란 쉽지 않았다.

당시 사람들이 가장 많이 찾는 저가형 런닝셔츠는 800원에 동대문 시장에서 떼어와 1,300원에 판매를 했다. 교통비다, 임대료다 이것저것을 제하고 나면 생활비를 충당하기에도 빠듯했다.

힘들었지만 조금씩 일이 손에 익어갈 무렵 나는 어머니의 눈물을 보았다. 장대 같은 외국인 세 명이 어머니 혼자 있는 가게를 찾았다. 한참 외국인 노동자들이 가게에 몰려 들어와 돈을 훔쳐 달아나는 사건이 빈번히 일어나던 때였다.

내가 가게에 들어서자, 무언가를 두리번거리던 외국인 중 한 명이 1,000원짜리 양말 한 켤레를 골라 들고선 만 원짜리 지폐 한 장을 내놓았다. 그리고 나머지 두 명이 거스름돈을 챙기던 어머니를 교란시켜 10만 원권 수표 한 장을 훔쳐 순식간에 달아났다. 다행히 다른 해를 입지는 않았지만 순식간 일어난 일에 너무 놀라 어머니는 당신을 위로하러 와준 아주머니들 속에서 참았던 눈물을 터트렸다.

어머니의 뺨을 타고 흐르는 눈물을 보며 내 심장을 도려낸 듯 마음이 아팠다. 그리고 결심했다. '돈을 더 아껴써야지. 그 사람들이 훔쳐간 10만 원을 채우려면 말이야.' 하지만 그것은 단순히 도둑맞은 10만 원을 위한 결심만은 아니었다. 아버지의 빈자리를 너무도 훌륭하게 지켜주고 있는 어머니를 향한 내 사랑의 실천이었다. 그 결심은 지금도 변함이 없다.

우리 식구의 생계는 어머니 손에 달려 있었다. 그 책임감은 지친 어머니를 새벽시장으로 이끌었고 쉼없이 가게에서 하루종일 손님에게 시달리게 만들었다. 저녁이 되어서야 퉁퉁 부은 발을 이끌고 집에 와서도 어머니는 우리 남매 앞에서 항상 웃음을 잃지 않으셨다.

도시락을 챙겨주지 못하는 날이면 어머니는 '미안하다'며 용돈 이외의 돈을 꼭 따로 챙겨주셨다. 학교 매점에서라도 먹고 싶은 것 많이 사먹으라고. 가게 사정을 뻔히 아는 나는 그 돈을 다 받을 수 없었지만 어머니의 마음은 그게 아니었다.

중학교 2학년. 도시락 하나로는 배가 차지 않았다. 정 배가 고프면 매점에서 500원 하는 라면을 사먹거나 300원짜리 빵이 전부였고 남은 돈은 100% 저금을 했다. 저녁 역시 동생과 내가 밥을 굶을까 자장면이라도 시켜 먹으라고 어머니는 돈을 주었지만 그 돈 역시 라면이나 간단한 것으로 대신하고 저금을 했다.

예전과 달리 학교에서 돌아오면 나를 반겨주던 어머니는 집에 없었지만 덕분에 나는 찌개며 계란찜이며 간단한 요리 정도는 척척 해낼 수 있는 사랑받는 예비 신랑감이 되었다. 하지만 정작 잘 먹어

야 할 때를 놓쳐서인지 나와 동생의 키는 그리 크지 않다. 가끔 어머니가 '어릴 때 억지로라도 우유는 먹일 걸 그랬나보다' 라고 말씀하시는 걸 보면 우리 남매의 작은 키는 어머니에게 못내 가슴아프게 자리잡고 있는 것이다.

가게 이야기를 계속해 보자. 당시 항간에 가게 10개 중에서 5개는 금방 문을 닫고 2~3개는 현상유지 하기에 바쁘고 1~2개만이 이윤을 낸다는 말이 있었다.

장사 경험 한 번 없이 집안 살림밖에 모르던 어머니는 이런 현실과 직면하게 되었다.

가게는 초창기 현상유지를 하다가 언제부터인가 적자를 면치 못했다. 계속되는 적자 운영끝에 어머니는 가게를 처분하기로 결정했다. 하지만 가게처분 역시 말처럼 쉽지 않았다. 장사를 계속 할 사람이 우리처럼 속옷 가게를 이어가면 얼마나 좋으련만 그것은 하늘의 별따기보다 더 어려웠다.

우리 세 식구가 평생 입어도 부족하지 않을 속옷과 가게를 모두 인수하겠다는 사람이 나타나지 않자 결국 어머니는 싼 가격으로 가게를 넘기게 되었다. 계약 날짜까지 가게 안에 가득 쌓인 속옷들을 정리하기 위해 가게 안은 '점포정리' 라는 문구로 여기저기 도배되었다.

다행히 평소 썰렁했던 가게 안은 사람들로 북적였고 싼 가격에 자기 몸에 맞는 치수가 없으면 큰 치수를 대신해 사 갈 정도였다. 하지만 가게 안은 아직 팔지 못한 물건들이 상당량 남아 있었다. 어머니는 남은 물건들을 하나라도 더 팔기 위해 길거리에 좌판을 벌였고 그 순간 잠시였지만 나는 아버지를 많이도 원망했다.

아버지가 원해 비록 집에서 살림만 하던 어머니지만, 당신이 없을 앞으로의 일들을 미리 알고 있었던 것일까?

어머니는 아버지의 권유로 보험설계사 자격증을 땄던 것이다. 어머니는 장롱 속에 묵혀 놓았던 자격증을 꺼내들고 지금의 자동차 보험설계사를 시작할 수 있었다.

어머니는 장사할 때보다 더 많이 바빠졌다. 어머니의 일을 대신해서 크고 작은 심부름을 하는 횟수가 늘었고 조금씩 커가면서 은행 가는 일도 잦아졌다.

그러면서 생긴 재미있는 에피소드도 있다.

하루는 은행에서 계좌이체를 하는데 보내는 사람 칸에 '오문대'라는 이름을 적어 넣었다. 당시 은행은 지금처럼 번호표를 뽑고 여유롭게 앉아 있다가 띵동 거리는 번호를 확인하며 순번대로 창구로 가는 것이 아니었다. 출근시간 지하철을 타기 위해 길게 늘어선 사람들처럼 오는 순서대로 줄을 서야만 했다. 그러다 창구에서 은행원이 낭랑한 목소리로 이름을 호명하면 해당되는 창구에 가서 은행 업무를 보는 형식이었다.

초등학교 2~3학년 쯤으로 보이는 여자아이가 키득키득 웃기 시작했다. 엄마를 따라온 모양이다. 이유는 곧 알 수가 있었다. "오문대 씨. 오문대 씨. 7번 창구로 오세요"라는 방송이 계속되고 있었기 때문이다.

다방에 전화해서 '주전자씨 계세요?' 라는 유머가 한창이던 그때 '오문대' 라는 이름은 초등학교 2~3학년 여자아이의 귀를 솔깃하게 만들었나 보다.

"오문대? 뭘 문대? ㅋㅋㅋ."

"오문대 씨, 오문대 씨, 7번 창구로 오세요."

창구 앞으로 다가선 나에게 "오문대 씨세요?" 은행원이 물었다.

"네."

오문대는 나의 이름도 어머니의 이름도 아닌 '오문대리점'의 앞 글자 세 자를 딴 것이었다.

어머니 심부름을 하며 은행은 내게 친근한 곳이 되었다. 많은 은행을 다니면서 은행마다의 차이점을 확연히 알 수 있었고 복잡한 업무도 제법 할 줄 알게 되었다.

어머니의 자식교육도 아버지만큼 엄격했다.

아침마다 나를 깨우는 것은 탁상 위의 작은 알람시계. 그래도 일어나지 않으면 곧바로 들리는 어머니의 목소리.

"성민아 일어나야지."

고등학교 2학년 중간고사 날. 내신 성적을 좌우하는 5단위짜리 수학시험이 있는 바로 그날 아침. 밤샘 공부를 하다 나도 모르게 책상에 엎드린 채로 잠깐 잠이 들었나 보다. 깜빡 잠이 든 나를 깨운 건 평소 울리던 알람소리도 아니었고 어머니의 목소리는 더더욱 아니었다.

그것은 바로 이미 중천에 떠버린 밝은 태양과 집 앞 공터에서 들려오는 동네 꼬마 녀석들의 자지러지는 웃음소리였다. 너무도 밝은 햇살에 놀라 시계를 보니 9시 50분. 지각도 지각 나름이지. 10분 뒤에는 수학시험이 끝나게 생겼으니 이 일을 어쩌란 말인가? 알람소리도 어머니의 목소리도 나는 듣지 못했는데.

나름대로 자신 있던 수학과목. 모든 것이 수포로 돌아가게 생겼으니 다른 건 생각할 것도 없이 번갯불에 콩 구어 먹듯 교복을 챙겨 입고 우선 어머니를 찾았다.

마침 어머니는 출근 준비를 막 끝내고 방을 정리하고 계셨다.

"왜 깨우지 않으셨어요?"

"깨웠는데 네가 일어나지 않았잖아."

더 이상의 질문은 할 수 없었다. 단지 나를 더 깨워주지 않은 어머니를 원망하며 헐레벌떡 학교로 뛰다 못해 날아 갔다. 하지만 내가 학교에 도착했을 때는 이미 시험은 끝나 있었다. 선생님을 찾아갔

다. 늦잠을 자느라 지각을 해서 시험을 치지 못했다고 솔직하게 말씀을 드렸다. 한참 나를 쳐다보던 선생님은 '결석처리는 하지 않을 테니 OMR카드에 이름이라도 써라' 하고 결론을 내리셨다.

결국 내신등급 하나 올리려고 코피 터지던 시절, 난생 처음 0점을 맞았다. 그날 이후 아무리 피곤해도 나를 깨우는 어머니의 작은 목소리에도 오뚝이처럼 벌떡벌떡 일어나게 되었다.

아버지의 빈 자리로 인해 나는 너무 이른 나이에 어른이 되었다. 그래서 친구들에게 '할아버지 같은 소리를 한다' 는 말도 많이 들었다. 하지만 내가 어머니를 도울 수 있는 방법은 내가 말썽을 부리지 않는 것임을 알았기에….

난 10대 할아버지가 된 것이다.

한바탕 시련을 겪고 나니
절망의 끝은 또 다른 희망의 문을 향해 있곤 한다.
이제 그 문을 열고 새로운 여행을 시작하려고 한다.
세상과 맞설 배짱과 용기도 생긴다.

증권 객장의 미스코리아를 찾아서

어머니의 심부름으로 은행을 많이 다녀서일까? 나는 증권회사도 어렵지 않게 다닐 수 있었다.

주식이 생긴 이후 은행통장에 저금하는 것보다 증권통장에 저금하는 것이 더 좋아졌다. 나중에 주식을 더 사고 싶었다. 돈이 어느 정도 모인 다음, 어머니는 일이 바빠서 대신 중학생인 내가 증권회사를 다니기 시작했다.

은행과는 달리 창구에는 사람들이 많지 않았다. 창구 앞에 앉아 가져간 돈과 통장을 꺼내 놓았다. 여직원은 돈을 세고 얼마인지 확인 후 통장에 돈의 입금 기록을 했다. 통장을 받고 다시 한 번 증권 객장을 둘러본 후 나왔다. 그렇게 순식간에 일을 마쳤다.

흔히들 하는 말이 '한 번 하기가 힘들어서 그렇지 일도 아니야.'

누구나 공감하는 말일 것이다. 어렸을 때 88열차도 처음 탈 때는 무서워 보였지만 두 번째 탈 때는 무서움 없이 탈 수 있었던 기억이 있다.

고등학교에 들어가서는 조금 커졌다는 느낌에서일까? 입금만 하고 나오다가 한번쯤은 창구에서 이야기를 하고 싶어졌다.

그러던 어느 날 돈을 입금시키고 직원에게 물었다.

"어디로 가서 상담하면 돼요?"

이렇게 증권회사에서 처음으로 1:1 상담을 하게 되었다.

자랑은 아니지만 지금도 동안(童顔)이라는 말을 많이 듣는다. 어려보이지 않으려고 빨리 수염을 길러야겠다는 생각에 부지런히 면도를 했던 이유도 이 때문이다. 그래서인지 학생시절 굳이 교복을 입지 않아도 누구나 내가 고등학생임을 쉽게 알 수 있었다.

그날 역시 자리에 앉자마자 질문은 "실례지만 나이가 몇 살이세요?"였고 두 번째 질문은 "어떻게 오셨나요?"였다.

나는 나이는 어리지만 아는 게 많음을 은근히 과시하고 싶었다.

내가 신문이나 TV에서 보거나 들었던 것, 궁금했던 것을 질문했다. 상담원은 나의 이야기를 진지하게 듣고 친절하게 답해 주었다. 보너스로 유망한 종목도 몇 개 가르쳐 주었다. 손이 닿지 않는 가려운 곳을 시원하게 긁어주는 것 같았다. 상담이 끝난 후 '투자 잘해서 돈 많이 벌라'는 격려의 말까지 들었다.

그 이후 증권회사 상담창구는 내 단골 거래처(?)가 되었다. 정보를 수집하기 위해 상담을 하거나 그냥 소파에 앉아서 시세판만 보고 나온 적도 있었다. 그런데 재미있는 것은 그 직원이 추천했던 종목이 많이 오르는 것이 아닌가? 그 이후로 증권회사 상담원에 대한 나의 신뢰는 매우 높아졌다.

지금도 가끔씩 시간이 나면 증권회사를 찾는다. 입출금은 물론이고 상담을 하기 위해서다. 그동안 연구하고 생각도 많이 해보았지만 돌다리도 두들겨 보고 건너라고 하지 않았던가. 내가 미처 생각하지 못했던 부분이 있을 것이란 마음에 매매를 하기 전, 나는 꼭 증권회사를 찾는다.

이렇게 얘기하니 여러 사람이 "네 말처럼 그렇게 친절하지 않던데?"라고 말한다. 물론 100% 친절하지는 않다. 100% 무가당 오렌지 주스가 오렌지만 가지고 만들어지진 않는다. 솔직히 나도 친절하지 않은 직원도 만나봤지만 그래도 대부분의 직원들은 친절하다.

그리고 내가 남자라서가 아니라 특히 직원이 여자일 때 친절하고

안정적인 방향으로 상담해 주는 것 같다. 그런 이유로 나는 항상 여성 직원에게 간다.

'행동할 때 비로소 승리할 수 있고 진정한 기쁨이란 행동하는 자에게 있다'고 윌리엄 셰익스피어는 말했다. 호랑이를 잡으려면 호랑이 굴로 들어가야 하듯이 자신이 하고 싶고 원하는 바가 있으면 직접 부딪쳐야 한다.

주식투자를 하고 싶은 생각이 있으면 생각으로만 끝내지 말고 당장 증권회사를 찾아가 솔직하게 아무것도 모르니 자세히 가르쳐 달라는 말을 하고, 부동산 투자를 하고 싶으면 다리품을 열심히 팔아 부동산 사무실을 찾아다녀야 하는 것이다.

권투에서 챔피언이 되고 싶으면 현재의 챔피언을 이기려 링에 올라가야 하듯이….

운명의 일부분은
어쩔 수 없이 받아 들여야 하지만
또 다른 일부분은 스스로 만들어 가야 한다는 걸
누구보다도 잘 알고 있다.

한 가닥 동아줄에 두 가족이 대롱대롱 매달려 있다

유치원이나 초등학교 시절만 해도 친구끼리 돈을 빌려주는 일은 전혀 없었다. 그러던 것이 중학교에 올라가면서 자연스레 돈 거래를 하게 되었다.

중학교 때 우리 반에는 '원만이'라는 별명을 가진 친구가 있었다. 그 친구가 학교에 와서 제일 많이 하는 말은 '100원만' 이었다. 반 전체를 돌아다니며 "100원만", "100원만" 외치다 보면 어느새 500

원이 모였고 '원만이'는 그 즉시 매점으로 달려가곤 했다. 정말 쉽게 돈을 벌었다.

처음 100원을 빌려달라고 했을 때는 정말 난감했다. 100원을 빌려주기도 또 안 빌려주기도 그렇고 입장이 난처했다. 하지만 처음 몇 번은 큰 돈도 아니고 꼭 갚겠다는 녀석의 말만 믿고 100원을 빌려주곤 했다.

하지만 꼬박꼬박 100원을 갚던 '원만이'는 어느 날부터 갚을 생각조차 하지 않았다. 피해자는 나뿐만 아니었다. '원만이'에게 몇 천 원을 받지 못한 아이도 많았다. 피해 액수가 더 늘기 전에 더 이상 '원만이'에게 돈을 빌려 주지 않기로 결심했다. 아무리 "100원만"을 외쳐대도 돈이 없다는 핑계로 매번 청을 거절했고 '원만이'도 더 이상 내게 '100원만'이라는 주문을 걸지 않았다.

고등학교 시절, 정에 이끌려 고생한 적이 한 번 있다. 친한 친구에게 5,000원을 빌려 줬다가 아주 힘들게 받았다. 그때 나의 한 달 용돈이 5,000원이었다. 처음부터 빌려주려고 한 것은 아니었는데 당장 문제집 살 돈이 필요하다며 하도 사정사정하기에 한 달 용돈을 탈탈 털어 빌려줬다. 나쁜 일을 하는 것도 아니고 마음 잡고 공부 한번 해보겠다는데…. 게다가 일주일이면 갚는다고 하니 못 빌려줄 이유도 없었다.

하지만 그 돈을 돌려받는 데 자그마치 3개월이 걸렸다. 3개월 동안은 내 한 달 치 용돈을 모조리 한 번에 날린 느낌을 받으며 지냈다. 1주일 후에 갚겠다고 빌려가고는 1주일이 지나도 갚지 않았다. 친구의 얼굴을 보니 돈 빌려간 걸 아예 잊은 듯 보였다. 한 달이 지나도 소식이 없어 말을 꺼내면 친구는 똑같은 얘기만 반복했다.

"기다려봐, 돈 안 떼어먹을테니 걱정하지 말아라."

그 이후 계속된 나의 독촉 끝에 3개월만에 받을 수 있었다. 그때 다짐을 했다. '돈은 절대로 빌려주지도 빌리지도 않을 것이다.'

돈 거래는 '가족끼리도 하면 안된다' 는 말이 있다.

내가 아는 어떤 분은 친척에게 돈을 빌려줬다가 갑자기 사건이 생겨서 매일매일을 울면서 지냈다고 한다. 친척이 하던 사업은 누가 봐도 잘되는 것 같았고 돈을 빌려달라고 했을 때는 높은 이자와 함께 장밋빛 얘기만을 했기 때문에 내심 걱정되었지만 흔쾌히 빌려주었다. 하지만 갑자기 부도가 나고 그 친척은 미리 알았는지 이미 외국으로 도피해버렸다.

'돈을 빌려줄 수밖에 없는 상황이라면 버리는 셈 치고 빌려줘라' 라고 말하는 사람도 있다. 하지만 될 수 있는 한 돈을 빌려주거나 빌려달라는 아쉬운 이야기는 친한 사이일수록 하지 않는 것이 맞다. 친구와 친척 사이에 돈 얘기를 하지 않는 것은 만고의 진리다. 돈 뿐만 아니라 신용카드, 보증같이 돈과 연계될 수 있는 모든 것은

미래를 장담할 수 없기 때문이다.

또한 돈 거래보다 더 무서운 것이 보증이다. 보증은 자폭과도 비슷하다. 동아줄에 대롱대롱 매달려 있는 한 식구가 지푸라기라도 잡는 심정으로 다른 사람에게 보증을 서 달라고 하면 그때부터는 두 가족이 한 동아줄에 매달려 있게 되는 것이다.

만일 동아줄이 끊어지기라도 한다면 두 가족 모두가 아래로 추락한다. 우리는 주위에는 보증 서 주었다 빚 갚느라 온 가족이 힘들어 하는 것을 종종 볼 수 있다.

친구나 주위의 어려운 사정 때문에 보증을 서 주는 것이 대부분일 것이다. 하지만 보증으로 인해 두 가족이 함께 추락할 수 있다는 것을 잊으면 안된다.

내가 아는 한 사람의 이야기다.

김씨는 번듯한 직장에 다니고 있는 일명 잘나가는 샐러리맨이다. 어느 날 김씨에게 친구가 찾아와 처음이자 마지막 부탁이니 보증 한 번만 서 달라고 부탁했다. 보통 친구도 아니고 어릴 적부터 한동네에 살며 형제처럼 의지해 오던 친구다.

솔직히 친구의 부탁을 거절하기 어렵지만 그는 가족과 친구를 모두 잃고 싶지 않았다. 한참을 고민하던 김씨는 어렵게 그렇지만 단호하게 이렇게 말을 했다.

"친구! 미안하지만 보증은 못 서 주겠다. 너무 서운해 하지는 말아라. 대신 네가 잘못되면 자네 자식들 교육은 내가 책임질 것을 약속하마."

앞으로 어떤 어려움이 찾아와도 두렵지 않다.
이젠 삶의 전쟁에서 이기는 법을 배웠다.

공부 〈 아르바이트

초등학교 6년, 중학교 3년, 고등학교 3년. 12년의 시간을 단 한순간에 마무리하는 대입시험은 수험생이나 가족들에게 엄청난 부담을 준다. 산삼보다 더 위대하다는 고3 생활동안 우리를 억누르던 시험과 질책은 "다 너 좋으라고 하는 거야. 대학만 가봐. 그럼 네 맘대로 해도 아무 말 안 하마", "대학이 얼마나 좋은 줄 아냐? 쨍하고 해뜰 날 오는 거야"라는 핑계로 다 무마 되었다.

하지만 막상 시험이 끝나고 대학에 들어가 봐도 별로 뾰족한 수는 없었다. 졸업을 앞둔 선배들은 '졸업하고 앞으로 뭘 해먹고 살 것인가?' 고민이고, 좁디좁은 취업의 문을 뚫기 위해 밤낮을 도서관에서 보내고 있었다.

나는 한 번 밖에 없는 대학시절을 미지근하게 보내서는 안 되겠다는 생각이 들었다. 고3 수험생 시절 나는 대학에 가면 놀기도 실컷 놀고 닥치는 대로 아르바이트를 해서 돈도 많이 벌어야겠다고 결심했다. 이것들을 당장 실천에 옮기기로 했다.

처음 해본 아르바이트는 수능시험을 본 직후 했던 횟집 서빙일이었다. 정말 열심히 했다. 서빙도 하고 배달 일손이 부족하면 배달도 직접하고 청소도 열심히 했다. 너무 열심히 해서일까? 뜻하지 않은 좋은 일도 생겼다.

비교적 가까운 곳에 배달을 나갔다. 도착하니 아주머니, 아저씨들이 모여서 화투를 치고 있었다. 나에게 수고한다고 만 원을 더 주었다. TV 프로그램 '체험 삶의 현장'도 아닌데…. 아마 그 곳에서 가장 많은 수입(?)을 올린 아저씨였을 것이다. 아무튼 돈도 더 받고 기분은 내심 좋았다.

당시 하루 12시간씩 3일 동안 일을 했는데 일당 3만 원씩 총 9만 원을 받았다. 거기다 우연히 배달 갔다가 받은 만 원을 합치니 10만 원이 되었다. 난생 처음으로 직접 일을 해서 돈을 번 것이다. 어머니 드릴 내복도 생각나고 동생에게 사주고 싶은 것도 생각났다. 그

런데 어머니는 나중에 회사에 들어가 정식으로 월급을 받으면 그때 선물을 받겠다며 끝내 거절하셨다. 대신 마음만은 기쁘게 받겠다며 매우 흐뭇해 하셨다. 그 돈은 고스란히 내 통장에 들어갔다.

대학 입학 후 동아리란 동아리는 무조건 가입했다. 학교에 있는 동아리 수가 140여 개였는데 내가 가입한 동아리수가 무려 20여 개였다. 심지어 1주일에 MT를 3번이나 다녀올 정도였다.

이렇게 바쁘게 한 학기가 지난 뒤 나에게 다시 한 번 시련이 찾아왔다. 우리 세 식구를 위해 정말 열심히 사셨던 어머니가 갑자기 쓰러지신 것이다. 수술 이외에는 방법이 없다는 의사의 말이 참으로 야속하게 들렸다. 그것도 8시간이나 걸리는 대수술을….

아버지의 빈자리를 이제 조금씩 채워나가는데 어머니 마저 병에 걸려 수술을 받아야 한다니, 갑자기 하늘이 무너지는 것 같았고 눈앞에 아무 것도 보이지 않았다.

수술실로 들어가는 어머니를 보며 말은 안 나오고 어머니 손만 꼭 잡았다. 어머니는 오히려 우리 남매에게 "걱정하지마"라며 애써 웃음을 지으셨다.

내 인생에서 8시간이 그렇게 길게 느꼈던 적이 있을까? 더디게 흐르던 8시간이 지나고 어머니는 회복실로 옮겨졌다. 통증을 참고 있는 어머니의 모습을 보니 하염없이 눈물만 흘렀다. 아버지가 돌아가셨을 때보다 더 슬펐다.

다행히 건강을 회복한 어머니는 일찍 퇴원을 할 수 있었다. 나는 어머니의 갑작스런 발병을 보며 어머니의 건강을 내가 직접 챙겨드려야겠다는, 내가 쓸 돈은 무슨 일이 있어도 내가 벌어서 쓰겠다는 다짐을 했다. 그 이후 많은 아르바이트를 했다. 뷔페, 이삿짐센터, 막노동, 종합병원 차트 정리, 배달, 전단지 붙이기, 사무실 보조 등.

나는 아르바이트를 하면서 학교에서는 배울 수 없는 많은 것을 배웠다. 또한 몰랐던 사실이나 알고 싶었던 것도 해결할 수 있었다. 그 중에서 내가 가장 궁금했던 부분은 판매하는 물건의 원가였다. 물건이나 음식들의 원가는 일을 계속하면서 자연스레 알게 되었다.

특히 뷔페에서의 2년의 경험은 '뷔페의 비밀'까지 알 수 있었다. 각 음식별 원가는 물론 초밥에 얹어지는 생선 한 조각의 가격까지 알게 되었다. 또한 단체손님의 경우 최소한 몇 명 이상의 손님이 와야 손익분기점이라는 것까지도 알게 되었다.

종합병원에서 차트를 정리 하면서 병원의 환자관리 시스템에 대해 어느 정도 알 수 있었고 치킨과 피자 배달을 하면서 피자도 직접 만들어 보고 치킨도 직접 튀겨볼 수 있었다. 전단지 붙이는 아르바이트를 할때는 아파트 단지 내에 있는 부녀회 아주머니들과 얘기할 수 있었고 아파트 부녀회의 파워가 얼마나 대단한지도 알 수 있었다. 이삿짐센터에서 일할 때는 큰 장롱이나 큰 가전제품은 아저씨들이나 옮기는 것이라 생각했는데 체구가 크지 않은 나도 내 몸

보다 더 큰 이삿짐을 단 번에 쉽게 옮겨 나르는 비법을 전수 받기도 했다.

하지만 아르바이트는 내게 단지 일하는 요령만 가르쳐 준 것은 아니었다. 그보다 더 중요한 경험에서 우러난 산지식을 배울 수 있었다.

아르바이트를 하면 할수록 여러 부류의 사람들을 만날 기회가 자연스럽게 많이 생겼다. 어려서 고생하고 어엿한 사장님으로 자수성가한 아저씨가 있는 반면 부모 잘 만난 덕에 어린 나이에 사장님 소리를 듣는 형이 있었고, 번뜩이는 아이디어 하나로 사장님이 된 아저씨까지… 일명 성공한 사람들을 만날 수 있었다.

또한 한때 높은 매출액으로 떵떵거리던 사장이 한순간 부도로 막노동판에서 벽돌을 나르던 모습도 보았다. 그밖에도 번듯한 대기업에 취직해서 주위의 부러움을 한 몸에 받다가 회사가 부도나는 바람에 음식점 배달부로 변신한 형도 만났고, 몇 년간 고시공부에 전념하다 결국 실패해 여기저기를 아르바이트로 전전하던 사람들도 만날 수 있었다.

후자에 속한 사람들이 한결같이 말하는 것이 있다. "예전에는 남 부럽지 않게 살았는데…" "예전에는 안 그랬는데…." 지금 이렇게 하루살이 인생을 살거라고는 꿈에도 몰랐다는 것이다. 지금의 상황도 자기 자신이 아닌 다른 사람이고 마치 꿈을 꾸고 있는 듯한 느낌이란다.

이 말은 나에게 의미심장하게 들렸다.

전철에서 여기저기 흩어진 신문지를 모으고, 재활용함에 버려진 종이박스나 고철 덩어리를 가녀린 어깨에 짊어진 가방 속에 가득 채워 넣는 할머니, 할아버지가 생각났다. 취미삼아 하기에 그 일은 너무 힘들어 보였다.

만약 그것이 취미가 아닌 실날같은 생명을 이어가기 위한 유일한 수단이라면 젊음을 보낸 여생의 대가가 너무 야박한 게 아닐까? 과연 2,30대에 훗날 자신이 늙고 초라한 모습으로 길거리에 버려진 과일 상자를 줍고 있을 상상을 해보기나 했을까?

개미와 베짱이는 지금도 존재한다. 젊은 날 베짱이가 좋아 보이긴 해도 노년이라는 인생의 겨울에서 당신은 결코 따뜻할 수 없다. 빠르게 변화되는 사회에 적응하지 못한다면 훗날 나 자신도 그렇게 살게 될지도 모르는 일이다. 생각만 해도 정신이 번쩍 난다.

대학교 1,2 학년 때는 열심히 놀기도 놀고 아르바이트를 열심히 해서인지 성적은 무시무시한 숫자로 내게 다가왔다. 시험을 조금만 더 못 봤으면 선동열 선수의 방어율과 비슷해질 정도였다. 그 때문에 군대를 다녀오고 대학교 3,4학년 때는 학점을 올리느라 고생을 많이 했다.

하지만 지금 생각해도 절대로 후회하지 않는다. 과거로 돌아간다 해도 똑같은 선택을 했을 것이다.

떼굴떼굴 백만 원 굴리기

우리 돈 백만 원
≒ 미국 돈 1,000달러
≒ 일본 돈 100,000엔
≒ 중국 돈 7,620위안
≒ 유럽 돈 716유로

우리 돈 백만 원으로 할 수 있는 것

오래된 승용차 한 대

어두운 터널을 지나오면서
오히려 행복해지는 방법을 알게 된 우리 가족.
힘겹고 고단했던 지난날들을 잊으려 애쓰는 게 삶의 지혜라면
그날들을 기억함으로써
미래를 기약하는 것은 용기일 것이다.

복덕방 커피가 더 맛있다

자욱한 담배연기.

변변한 소일거리 없는 동네 어르신들의 아지트, 복덕방.

"애들은 가! 애들은 가!"

그곳에서 정확하게 무슨 일이 벌어지는지 알 수는 없지만 분명한 것은 그곳은 어른들만의 세상이라는 것이다.

거기엔 꽃다방 미스 김도, 이 마담도 없지만 그곳 커피는 언제나

인기다.

맛이 좋아서? 향이 좋아서?

그건 아니다. 개인적으로 커피를 좋아하지 않아 그 맛을 뭐라 표현할 수는 없지만, 복덕방 커피에는 커피 자판기에는 없는 사람 사는 냄새가 한 스푼 더 들어 있는 것 같다.

하지만 내게 커피는 쓰기만 해 요구르트에 공인중개사들의 입담을 섞어 마시기를 즐겨한다.

복덕방을 지금은 공인중개소라 부르지만 곰방대 입에 물고 두꺼운 돋보기 너머로 손님을 기다리는 할아버지가 있을 것 같은 복덕방이란 말이 더 좋다.

'복덕방에 들어앉았다' 라는 말이 있다. 복이 많이 생기는 방에 앉아있어 먹을 것도 많고 행운이 거듭된다는 뜻이다. 옛날에야 전 재산이라 해도 과언이 아닌 집을 옮기는데도 동네 어르신이 중간 다리를 놔주는 것이 고작이었다. 요즘은 아주머니들 사이에서 공인중개사 자격증 붐이 일어 아이들 학교 보내고 입시 준비하는 수험생처럼, 도서관에서 시험공부를 하는 모습을 쉽게 찾아 볼 수 있다.

내가 공인중개소를 처음 찾은 건 대학생이 된 직후다. 새로운 우리 집을 찾으러 다닐 때였다. 천장에서 비가 새던 전세집에서 고생하는 어머니를 조금이라도 좋은 환경에서 지낼 수 있도록 해드리고 싶은 마음에 신문을 뒤적이다 마음에 드는 광고를 발견했다.

"엄마, 여기 분양하는 모델하우스가 좋데. 한 번 가보자."

어머니가 귀찮아하실 정도로 계속 이야기를 했다.

"그럼, 네가 직접 가봐."

"나 혼자서?"

돈과 관련되는 크고 작은 일들을 적지 않게 해보았지만 모델하우스 방문은 처음이었다. 하지만 못 갈 이유도 없었다. 나는 혼자 모델하우스를 찾아 갔다. 늘씬한 누나들이 이곳저곳을 친절하게 안내해 주었다. 무슨 용기였는지 나도 모르게 상담실을 찾았다. 고등학교를 막 졸업한 내가 상담실에 들어서자 상담실의 분위기는 순간 술렁거렸다. 모델하우스에서 꼭 점검해야 할 사항인 난방방식이나 향후 전망, 대출 이율에 대해 묻는 내게 상담원은 놀란 눈빛을 숨기지 않았다.

상담을 마치고 모델하우스 책자를 챙겨 들고 밖으로 나왔다. 모델하우스에서 지하철까지 걸어가는 데 공인중개소 간판이 눈에 들어오기 시작했다. 원래 사람이라는 게 그런 것 같다. 신발을 사러 가면 지나는 사람들의 신발만 눈에 들어오고 옷을 사러 가면 얼굴은 안보이고 옷만 눈에 들어오듯 자기의 관심사가 가장 먼저 눈에 들어오는 것이다.

상담 직후 어디서 생긴 자신감인지 방앗간 앞을 지나는 참새처럼 무엇엔가 이끌리듯 공인중개소로 들어갔다. 집을 분양 받기 전에는 모델하우스에서의 설명만 믿으면 안되고 주위 공인중개소에도 꼭 확인해야 한다는 신문의 조언이 생각났기 때문이다.

10평 남짓한 공간, 가만히 서 있는 나. 얼마가 지났을까? 뒤늦게 나를 발견한 아저씨가 '어떻게 왔냐'는 질문을 던졌다. 조심스럽게 조금 전 보고 나온 모델하우스와 동일한 평수대의 주변 시세를 물어 보았다.

오뉴월 더위도 지났건만 긴장을 하도 한 탓인지 등에서 식은땀이 줄줄 흘러 내렸다. 행여 아저씨의 말을 하나라도 놓칠세라 귀를 쫑긋 세우고 잘 먹지 않던 냉커피까지 마셔가며 더위를 식혔다.

그때 먹은 커피에 환각제를 넣은 것도 아닐텐데… 입에선 질문이 술술 나오기 시작했고 어느새 낯선 공인중개소의 분위기에 익숙해져 있었다. 앞으로의 전망, 투자가치, 당장 이사를 올 사람처럼 꼼꼼하고 진지하게 대화를 이어갔다.

시계 바늘은 한바퀴가 훌쩍 지나갔지만 결코 긴 시간이 아니었다. 상담을 마치고 내 자신이 한순간에 어른이 되어버린 것 같아 어색하기도 하고 한편으론 대견하기도 했다. 집에 돌아와 어머니에게 그날 나눈 대화들을 낱낱이 자신 있는 어조로 설명해 드렸다.

무엇이든 처음한다는 것은 낯설고 어렵다. 그 이후 공인중개소에서 전과 같은 긴장과 초조함은 거짓말처럼 사라졌고 어려움 없이 대화를 이끌어 갈 수 있었다. 법적인 처벌이 따르지 않고 타인에게 피해를 주지 않는다면 뭐든 직접 겪어보는 것만큼 인생을 배우는

데 있어 가장 빠르고 좋은 방법은 없는 것이다.

어렸을 때부터 우리 집엔 지도가 많았다. 어머니가 자동차 보험회사에 다니는 관계로 가입자 선물용 지도가 넉넉하게 쌓여 있었고 자연스레 지도 보는 일이 생활이 되어 버렸다. 심지어 화장실 갈 때도 지도를 손에서 놓지 않고 신문 대신 가지고 갈 정도였으니 말이다. 이런 나를 위해 어머니는 새로운 지도가 나올 때마다 집으로 가져왔고 그 지도를 보면서 땅에 대한 끊이지 않는 관심을 가질 수 있었다.

웬만한 우리나라의 지명과 위치를 줄줄 외워대는 것도 나중에 땅 이야기를 할 때 큰 도움이 되었다.

내가 어렸을 때만해도 공인중개소는 지금처럼 많지 않았던 것 같다. 하지만 지금은 어디를 가나 어렵지 않게 찾아 볼 수 있다.

나이 40살이 되면 퇴직을 걱정해야 하는 직장인. 날이 갈수록 가벼워지는 장바구니, 애들 뒷바라지에 허리 펼 겨를도 없는 이 땅의 어머니들. 이들을 주축으로 공인중개사 자격증을 취득하려는 수가 20만 명이 넘는다고 한다. 이 숫자는 국가에서 치르는 시험 중에서 대입 수능시험에 이어 두 번째로 많은 숫자다.

그렇다면 왜 이렇게 많은 사람들이 공인중개사로 몰리는 걸까?

그것은 바로 우리나라 불멸의 히트상품 '부동산' 때문이다.

세계지도를 보면 우리나라가 참 작다는 것을 새삼 깨닫게 된다. 세계지도를 보며 대한민국을 쉽게 찾아내는 외국인이 과연 얼마나 될까 싶을 정도다. 이 작은 땅덩어리가 북적대는 사람들로 인해 몸살을 앓고 있다. 한정된 공간에 많은 인구, 게다가 전통적인 소유, 재산 개념의 집…. 이런 것들이 우리나라에서 '부동산 불패신화' 를 이어나가는 요소인 것이다.

보통 사람들에게 전 재산인 집. 그 집이나 땅을 다루는 일만큼은 전문적인 공인중개사를 직접 통하는 것이 만일에 발생할 수도 있는 실수나 사고를 방지하는 방법이다. 직거래도 있지만 눈 감으면 코 베어 가는 세상에 5%의 수수료로 뒤탈을 줄일 수 있다면 아깝지만은 않다.

하지만 공인중개업자들은 단지 땅만을 거래하는 건 아니다. 성사된 계약서에 도장만 찍어 주고 몇 마디 해 주는 일 말고도 부동산에 관련된 제도나 땅과 관련한 전반적인 지식 등 소위 돈 되는 정보를 슬쩍 흘려준다.

단골 카페나 미장원에서는 연예인 이모씨가 바람 피우다 들킨 가십은 들을지 모르나 어디에 도로가 어떻게 뚫리는지, 또 공장이 들어서는지 등 돈 굴러가는 정보를 듣기란 쉽지 않다. 나는 주위 사람들에게 증권회사 직원이나 공인중개사와 친해질 것을 권한다.

공인중개소는 입장료를 받지 않는다. 하지만 공짜인줄 알면서도

심리적인 부담을 갖게 된다. 옷 가게에서 구경을 하다 점원 혹은 직원이 다가오면 부담을 느끼듯이 말이다.

"도를 아십니까?"

부동산 중개업자는 도에 관심이 없다. 이처럼 생판 모르는 사람한테 미리 다가와 따끈따끈한 돈소식을 들려주진 않는다. 그리고 아무리 인터넷이 발달했다고 해도 인터넷에 나와 있는 전국 부동산 시세와 실제 시세는 확실히 차이가 있다. 또한 공인중개소에 가면 아파트 단지 내에서 '권력을 행사' 하고 있는 부녀회와 아파트 시세를 올리기 위한 반상회의 정보도 들을 수 있다.

귀찮다고? 창피하다고? 뉴스만으로도 충분하다고?

그러면서도 부자가 되고 싶다고 자신을 속이지는 말자. 당신은 남들이 보기에 '부자가 되고 싶어 하는 사람' 으로 보이고 싶은 것일 뿐 진정 부자가 되고 싶은 사람은 아니다.

포기하지 않은 보람이 있다.
진실된 마음과 마음은 언젠가 통하는 법이니까!

군대 훈련소에서 어머니와 아파트 매매를 논의하다

대학 2학년 2학기. 우리 세 식구는 50평이나 되는 아파트를 두고
도 다세대 주택에서 전세를 살았다. 암이라는 청천벽력과 같은 사
형선고를 받기 직전 아버지는 내 집 마련 프로젝트에 한참 박차를
가했다.

1989년. 100대 1이 넘는 경쟁률을 뚫고 각고의 노력 끝에 꿈에도
그리던 신도시 50평 아파트에 당첨 되었다. 입주까지 남은 시간은

3년. 그동안 우리 네 식구가 걱정할 게 아무 것도 없었다. 자금도 넉넉했고 뜸이 들기를 기다리듯 우리 마음은 여유롭기만 했다.

"여기는 서재야. 이 곳에선 책만 보고 공부만 하는 곳이야."

"그리고 여기는 성민이방, 여기는 정은이방. 괜찮지? 침대는 어느 쪽으로 둘까?"

네 식구가 둘러 앉아 책자를 보며 새 집 꾸미기로 시간 가는 줄 몰랐다. 하루하루가 행복했다. 아버지가 돌아가시기 몇 개월 전까지만 해도 난 아버지의 병명을 알지 못했다. 단순한 장염인줄 알았을 만큼 아버지는 거의 아픈 내색을 하지 않으셨다.

하지만 아버지는 입주를 불과 1년여 남겨놓고 힘든 투쟁을 멈췄다. 단 하루만이라도 꿈에 그리던 그곳에서 편히 쉴 수 있었다면 내 마음 한 구석이 이리 뻐근하지는 않았을텐데. 필사적으로 암을 이겨내 보고자 했지만, 우리 가족은 아버지와 희망을 모두 빼앗겨 버렸다. 당시 3~4개월의 중환자실 치료비가 9백만 원 정도였다. 2년의 시간을 중환자실과 요양원에서 보낸 아버지의 치료비는 아파트 한 채 값이 넘었다.

아버지가 떠난 후 1년이 지나고 입주 날짜가 다가왔다. 아파트에 당첨되고 희망에 부풀어 있던 시간은 흐린 기억일 뿐 50평 아파트는 남은 세 식구에게 부담으로 다가왔다. 우린 3,000만 원 잔금과 많은 관리비를 부담할 능력이 없었다.

어머니는 다세대 주택으로 만족했지만 어머니라도 좋은 집에 모셔야 훗날 후회가 없을 것 같았다. 물론 어머니를 모시기보다는 보살핌을 받는다는 말이 맞지만 내가 할 수 있는 일이라면 무엇이든 할 각오가 되어 있었다. 어머니를 설득하고 '행복의 집' 찾기 작전을 펼쳤다. 당시 '수도권의 마지막 노른자' 라는 경기도 구리 토평 지구의 모델하우스와 공인중개소를 발바닥에 땀이 나도록 돌아다녔다.

집이라는 게 쇼윈도에 안에 걸려 있는 옷처럼 마음에 안 들면 다음날 가서 환불할 수 있는 것이 아니다. 우리 가족은 그 어느 때보다 많은 대화를 했다. 그리고 우리 가족의 공통점을 발견했다.

그것은 모두 바다를 좋아한다는 것이다. 그런데 안타깝게도 서울에는 바다가 보이는 곳이 없다. 대신 서울에는 강을 볼 수 있는 아파트가 많이 있다. 세 식구는 만장일치로 강이 보이는 아파트로 이사 가는 '우리 집 법안'을 통과시켰다. 하지만 강을 기준으로 위쪽에 있는 강북지역과 아래쪽에 있는 강남지역의 아파트 시세를 알아보면 볼수록 비싼 가격에 혀를 내두르게 되었다.

결국 강은 보이지만 평수를 작게 할 것인가, 아니면 강은 보이지 않지만 넓은 곳을 선택할 것인가 사이에서 고민이 시작됐다. 결론은 그래도 강이었다. 50평대에서 30평대로 목표를 정했다. 그리고 다리품을 팔면서 우리에게 적합한 아파트를 찾아냈다. 아직 입주도

하지 않은 새 아파트였다. 그런데 매물로 나온 집들이 모두 저층이었다. 아무리 한강이 코앞에 있어도 보이지 않으면 그림의 떡이다. 고층이 필요했다. 계속해서 다리품을 팔던 중 편지 한 통을 받았다. 군입대 통지서였다.

모두가 그렇겠지만 군입대를 앞두고 제일 걱정되는 것은 바로 집이다. 물론 여자친구가 고무신 거꾸로 신을까 걱정인 사람도 있겠지만. 나는 어머니와 여동생이 너무도 마음에 걸렸다. 거기다 새로운 집으로 보금자리를 옮기는 일을 끝마치지 못한 채 가는 것도 마음이 편치 않았다.

나는 논산으로 향했고 훈련병이 되었다. 하루하루 고된 훈련을 끝내고 잠자리에 들어서야 어머니와 동생의 얼굴이 떠올랐다. 그러던 어느 날, 편지가 왔다. 편지에는 내가 점찍어 놓았던 아파트의 로열층이 급매물로 나왔다는 내용으로 '혹시 시간이 되면 집으로 전화 한 통 해라' 는 어머니의 부탁이 적혀 있었다.

내가 군입대 전 로열층은 찾기도 힘들었는데 급매물로 나온 물건이 있다니 여간 기쁜 것이 아니었다. 어머니 편지를 읽고 더 이상 지체할 수가 없었다. 1분 1초라도 빨리 집으로 전화를 걸어야 했다. 하지만 훈련소 규정상 훈련병이 전화를 한다는 것 자체가 불가능한 일이었다. 혹시 아는 사람이 있으면 모를까.

나는 어떻게 하면 좋을지 고민하다가 용기를 내어 훈련소 조교에게 사실대로 이야기를 하고 어머니의 편지를 보여 주었다. 그 조교는 다른 조교들에 비해 유난히 나를 살갑게 대해 주었기에 그 조교에게 부탁했다. 나의 예측은 적중했고 다른 사람이 알게 되면 자신도 질책을 받을 수 있으니 절대 아무에게도 얘기하지 말고 얌전히 따라오라고 했다. 이렇게 해서 공중전화 앞에 서게 되었다.

조교는 수화기를 들고 어머니 핸드폰 번호를 부르라고 했다. 핸드폰 번호를 누르는 조교를 보는 것만으로도 심장이 콩닥콩닥 마구 뛰어댔다. 이어서 공중전화에서 돈 내려가는 소리가 들렸고 조교가 어머니에게 한 마디 하고는 나에게 수화기를 건네주었다. 태어나서 그렇게 오랜만에 어머니 목소리를 들었던 적이 있었던가. 눈물이 흘렀고 '아파트가 너무 마음에 들고 빨리 계약 했으면 좋겠다'는 얘기로 짧은 전화통화는 끝이 났다.

어머니는 다음날 그 아파트를 계약 했고 나는 상병 휴가 때 새 집을 구경할 수 있었다.

이렇게 해서 우리 세 식구는 지금, 모두가 원했던 한강이 훤히 보이는 새 아파트 20층에 살고 있다.

외국 사람이 서울에 와서 제일 먼저 놀라는 것이 한강이다. 도시에 이렇게 큰 강이 흐른다는 것이다. 그리고 두 번째로 놀라는 것이 한강 양 쪽으로 큰 도로가 길게 뻗어 있는 것이고 마지막이 그 큰 도로 위에 꽉 차있는 차라고 한다.

외국 사람도 놀라고 부러워하는 한강을 우리 역시 좋아하는 것은 당연한 일일 것이다. 그 영향 탓일까? 우리 집의 가격은 하루가 다르게 상승했고 교통도 편리하고 생활 기반시설이 충분히 갖춰져 있는 주위 환경에 너무도 만족한다. 만일 그 때를 놓쳤다면 시세차익과 한강이 보이는 집에서 사는 것은 계속해서 꿈으로만 남아있었을 것이다.

내 또래 친구들이 만화 잡지나 패션잡지를 사 볼 때 나는 부동산 잡지를 보았다. 또 친구들이 PC방에서 게임에 열중하거나, 자장면을 시켜 먹으며 당구장을 드나들 때, 나는 아파트 모델하우스와 공인중개소를 드나들었다.

나는 군대에서도 적극성을 보였다. 어떤 열악한 상황에서도 돈을 다루는 데 핑계는 있을 수 없었다. 군대에서도 가능한 것이다. 어머니와 내가 포기하지 않고 4년간에 걸쳐 다리품을 판 결과가 오늘의 좋은 결과를 나은 것이다.

사람들이 많이 하는 질문 중 하나가 '어느 지역이 가장 많이 오를 것 같냐' 이다. 나는 이렇게 대답해준다.

"질문하는 본인이 가장 가고 싶은 곳이 제일 많이 오르지 않을까요?"

어떤 날은 바람도 불고
어떤 날은 사나운 번개도 친다.
욕심부리면 지금의 행복도 달아날까봐 두렵다.

주가의 대폭락은 외국인도 막을 길이 없다

내가 군대생활을 하던 시기, 주식시장은 닷컴 열풍으로 한창 불이
붙었다. 부대에서도 군 간부들의 주식투자 얘기를 어렵지 않게 들
을 수 있었다. 주식투자해서 자동차를 바꾼 간부, 더 좋은 집으로
이사한 간부, 부하들에게 후하게 먹을 것을 사 주었던 간부 등. 그
당시 주식투자 했던 사람들은 모두 돈을 번 것 같았다.

당시 나는 간부들이 보고 버린 며칠이 지난 신문을 보며 시장의

상황을 알 수 있었다. 며칠 지난 신문이지만 군인이었던 나에게 큰 정보의 통로가 되었다.

군대에 입대할 때 '언제 제대할 수 있을까' 걱정하고 시간이 무척 더디게 흐른다고 느껴졌었지만 의외로 시간은 빨리 지나갔다. 상병이 되고는 제대 후 내 인생을 어떻게 설계해 나갈 것인가 생각하느라 시간 가는 줄 몰랐다.

정말 고참들 말대로 '국방부 시계'는 돌아갔고 나는 2년 2개월의 군생활을 무사히 마치고 어머니와 여동생이 있는 가족 품으로 돌아왔다.

제대 후 내가 처음 찾은 곳은 서점이다. 집에 오는 길에 주식 관련 서적들을 보고 그 중 한 권을 샀다. 그리고 복학까지의 시간동안 나는 주식공부를 시작했다. 도서관에서 책을 빌려 읽었다. 열심히 읽고 또 읽었다. 다시 증권회사를 찾아 상담원에게 조언을 구하고 신문도 정독 하며 실전을 대비했다. 또 마지막 점검으로 각 증권회사 모의투자를 한 달 정도 하고 어머니에게 말을 꺼냈다.

"어머니, 주식투자를 위한 모든 준비가 끝났습니다. 그렇다고 처음부터 많은 돈을 투자하고 싶지는 않습니다. 100만 원만 저에게 투자해 주세요."

어머니는 나름대로 열심히 준비하던 내 모습을 알고 있기에 흔쾌히 허락을 하고 100만 원을 투자해 주셨다.

누구에게도 100만 원은 소중한 돈이겠지만 그때 내가 받은 100만 원은 다른 어떤 돈보다 소중했다. 정말 힘들게 보험업에 종사하며 오직 우리 세 식구를 위해 노력한 어머니의 땀이기 때문이다. 그 돈에는 어머니의 한숨과 눈물이 배어있었다. 그런 100만 원이기에 나는 마음을 가다듬고 또 가다듬었다.

당시 운이 좋게도 상승장이라 내 주식거래는 항상 수익이 발생했다. 어렸을 때 아버지에게 배운대로 처음에는 등락폭이 적고 우량한 종목을 선택했다. 내가 투자했던 종목들은 한국전력, LG전자, KTF 등이었다. 100만 원 가지고 시작한 것이 어느새 130만 원을 넘어서자 어머니는 자그마치 1,000만 원을 선뜻 나에게 주셨다. 1,000만 원, 100만 원과는 다른 부담감이 나를 억눌렀다.

"너무 욕심 부리지 말고 천천히 해."

어머니는 돈을 건네주며 딱 이 한마디만 당부했다. 1,000만 원은 나에게 포트폴리오 구성을 가능하게 했다. 또 좀 더 정확한 타이밍을 요구했다. 그리고 무엇보다 좋았던 것은 평소 사고 싶었던 삼성전자 주식도 살 수 있다는 것이었다.

해가 뜨면 당연히 해가 지듯 주식 투자는 지속적인 수익만을 나에게 안겨 주진 않았다.

어느 날, 우리 세 식구는 TV 드라마를 보고 있었다. TV를 보던 중 갑자기 외국인이 화면에 나왔다. 그의 얼굴은 두려움으로 가득

했다. 그리고 연이어 비행기가 건물에 정확히 꽂히는 모습이 방영되었다.

'어떻게 저런 일이 있을 수 있나?' 하는 생각도 잠시, 건물이 차례로 무너져 내렸다. 마치 영화를 보는 듯했다. 그 충격은 다음 날, 주식으로 이어졌다.

세계 경제의 중심지인 뉴욕 쌍둥이 빌딩이 무너지며 우리나라 주식도 같이 무너졌다. 내가 거래하면서 말로만 듣던 '사이카'가 처음 발동했고 거래 자체가 잠시 중단됐다. 내 손이 부들부들 떨렸다. 내가 정해 놓은 손절매가를 이탈한 지 이미 오래고 도대체 정신을 차릴 수가 없었다. 정신없이 오전이 지나고 오후 장에 기관투자자의 적극적인 매수에 힘입어 손실을 조금 줄이는 선에서 매도 할 수 있었다. 특히나 우리나라 대표 주식인 삼성전자를 손절매 하리라고는 꿈에도 몰랐다.

무엇이든 배우기 위해서는 수업료를 지불해야 하지만 수업료 치고는 제법 비쌌다. 하루에 그것도 모두 일시불로 지불했으니 말이다.

당시의 폭락장은 나에게 많은 것을 가르쳐 주었다. 돈을 모으기는 시간도 오래 걸리고 어렵지만 무너지기는 한 순간이라는 말을 가슴속 깊이 새길 수 있었다.

또한 '위기 = 위험 + 기회'라는 것도 알게 되었다. IMF나 9.11

테러 이후 이익을 챙긴 사람들이 많은 것을 보면 쉽게 알 수 있다.

　주식이 하락할 때 대부분의 사람들은 안절부절 못하지만 소위 말하는 큰 손들은 하락할 때를 기다리다가 하락이 되면 그때부터 조금씩 입질을 한다. 그리고 시간이 지나면서 점차 상승을 하고 상승에 따른 이익은 바로 큰 손들의 몫인 것이다.

나는 외국인이다?

비싼 수업료를 지불한 9.11 테러 후의 장세. 나는 다시 한 번 마음을 재정비 했다.

"대폭락장이었으니 모두 손해를 봤을 거야"라는 '자기 합리화'는 나를 두 번 죽이는 것임을 너무도 잘 알기에 다시 시작하는 마음으로 정리를 했다. 먼저 처음 거래를 시작했던 종목부터 투자일지를 쓰기 시작했다. 그리고 나만의 투자 원칙을 세우기로 결심했다.

첫째, 블루칩만 연구하자

폭락장을 보면 블루칩 종목이 아닌 다른 종목들은 내림폭이 굉장히 컸다. 그나마 나는 블루칩을 가지고 있어 손해를 줄일 수 있었다. 진정 블루칩의 위력을 알 수 있었다.

둘째, 연구한 종목 이외에는 거들떠 보지도 말자

신문이나 TV를 보면 '무슨 종목이 좋다' '무슨 종목이 유망하다'는 말이 많이 나온다. 그 종목들을 유심히 본 뒤 지금까지 주가 추이를 보면 이미 호재가 반영된 것이 대부분이다. 이미 오른 종목을 매수하기는 부담이 크다. 또한 시황을 보면 작은 공시에도 마음이 많이 흔들려 내가 연구한 종목 이외에는 절대로 거들떠 보지도 않기로 했다.

셋째, 세 종목에만 투자를 하자

너무 많은 종목을 가지고 있으면 그 종목들을 관리하기가 쉽지 않다. 세 종목이 가장 적당한 것 같다. '성공을 안겨줄 단 몇 개의 종목에만 투자해도 자신의 투자 인생을 값지게 만들 수 있다'라고 피터린치가 말했다.

넷째, 내가 정한 매수가와 매도가를 무슨 일이 있어도 지키자

연구한 종목들의 매수가와 매도가는 종합 주가지수와 상관없이 꼭 지켜야 손실을 줄일 수 있다는 것을 알았다. 우리나라 증시는 박

스권 장세의 연속이기 때문에 내가 원하는 가격을 선정하면 시간이 지나면 반드시 오게 되어있다.

매도 할 때도 원하는 가격이 오면 앞, 뒤, 오른쪽, 왼쪽 보지 않는다. 매도한 뒤 오르면 할 수 없는 것이고 매도한 뒤 내리면 '신의 영역'인 꼭대기에서 판 것이기 때문에 '투자의 신'이 되었다고 생각했다.

다섯째, 매수나 매도 거래 후 컴퓨터를 끄자

매수나 매도 거래를 하고 시황을 보면 잠깐의 등락에도 마음이 조금씩 흔들린다. 차라리 컴퓨터를 끄고 한강 시민공원에 가서 바람이나 쐬든지 친구들을 만나 이야기를 하는 것이 정신 건강에 좋을 것이다.

이렇게 나름대로 투자원칙을 세우고 거래 전에 되새기고 또 되새기다 보니 손해를 줄이는 거래를 할 수 있었다. 마침 운도 따라 주었다. 9.11테러 이후 계속해서 내려갔던 주가는 미국의 아프가니스탄 공격으로 다시 불붙기 시작했다. 또 한 해가 지나고 월드컵 특수까지 겹쳐 증시는 계속 올랐다.

또한 주식거래를 하면서 놓치지 말아야 할 것은 바로 외국인의 매매 동향이다. 우리나라 증시에서 외국인의 역할은 매우 크다. 외국인의 매매 동향이 중요한지는 알지만 자신의 주식거래와 연관시키기는 쉽지 않다. 나 역시 마찬가지였다. 이에 번뜩 '내가 외국인 투자자라고 생각하면 훨씬 속 편하겠다' 는 생각이 들었다.

내가 외국인 투자자라고 생각을 하니 그 생각만으로도 어깨에 힘이 붙었다. 이러한 생각에 확신을 주었던 계기가 우연치 않게 생겼다. 어느 날 매수를 했는데 하루 거래일만에 내가 원하는 매도가를 기록했다. 그래서 다짐대로 아무것도 생각하지 않고 매도 했다. 성공적인 거래가 이루어졌고 거래와 수수료를 제하니 30만 원 정도 수익이 발생했다.

그날 뉴스에서는 마침 외국인 투자자에 대한 내용이 나오고 있었다. 외국인도 요즘 단타를 많이 한다는 것이다. 오늘 내가 한 것을 뉴스에서 말하는 것이 아닌가.

뭐든지 마음가짐이 중요하지만 특히 주식투자에 있어 마음가짐은 정말 중요하다. 주식을 매수하고 조마조마하게 있을 때 수익이 크게 난 적이 없다. '없어도 그만' 인 생각을 해야 수익이 많이 날 수 있었다.

우리나라 사람들은 유난히 주식에 대해 좋지 않은 생각들을 갖고 있다. 하지만 지금 이 시간에도 주식투자로 이익을 챙기는 개인투

자자들은 의외로 많다. 세계에서 전업 주식투자자의 수가 우리나라에 제일 많다는 통계도 있으니 과장된 말은 아닐 것이다.

주식은 모든 사람이 적은 금액으로 수익을 낼 수 있는 돈 굴리기의 기본이다. 월가의 살아있는 전설 피터 린치는 보통 사람의 두뇌는 충분히 주식시장의 흐름을 따라갈 수 있고 초등학교 5학년 수준의 산수만 이해해도 가능하다고 말했다. 그만큼 주식은 특별한 사람들만이 할 수 있는 어려운 것이 아니다.

주식은 다른 어떤 금융상품보다 세금이 적다. 대부분의 금융상품이 이자 소득세를 16.5%를 과세하는 반면 주식은 증권거래세 0.15%와 농특세 0.15%, 총 0.3%만 과세한다. 특히 주식거래로 인해 생긴 차액의 액수에는 세금을 과세하지 않는다. 훗날 증여할 때도 증여세 고민을 하지 않아도 된다. 주식은 1,500만 원까지만 증여세 비과세를 인정하지만 1,500만 원 주식의 미래 상승분에 대해서는 절대 과세하지 않는다.

주식은 실제 경기보다 6개월 선행하기 때문에 미래를 내다 볼 수 있다. 지금의 주가는 6개월 후의 모습이다. 예를 들어 휴대폰 폴더형의 원천기술을 가지고 있는 모 회사의 주가를 보면 어느 정도 예상을 할 수 있다. 그 회사의 주가는 한 때 큰 상승을 했지만 지금은 많이 하락했다. 따라서 시간이 지나면 지날수록 휴대폰 폴더형의 모델이 많이 줄어들 것이라는 예상이 가능하다.

주식은 사람을 똑똑하게 만든다. 거래를 하다보면 자연스레 위험에 부딪치게 되고 그 위험을 관리하다 보면 점차 유연하게 대처하는 모습을 볼 수 있게 된다. 자신도 모르는 사이에 똑똑해진 것이다. 불확실성이 강한 요즘 위험에 대처하는 능력, 특히 금융적 위험에 대처하는 능력은 대단한 자산이다.

어떤 고달픔과 서러움,
그리고 아픔에도 깔깔 웃어버릴 수 있는 우리 세 식구.
아직도 가야할 길은 멀고 험하고
눈물도 흐르겠지만 조개가 진주를 만들어내듯
고통 속에서 피어난 행복을 위해 아끼고 더 아끼고 사랑할 것이다.

땅은 10번을 찾아야 마음을 연다

주식투자에 한창이던 어느 날, 행정우편 한 통을 받았다. 편지의 내용은 아버지가 사 놓았던 땅에 도로가 생긴다는 것이었다. 편지를 읽기 전까지도 나는 우리 집에 땅이 있는지 전혀 몰랐다.

'어, 우리도 땅이 있네' 하며 내심 기뻤다. 하지만 그 기쁨도 잠시, 그 땅에 도로가 생긴다는 것이 영 찝찝했다. 땅에 도로가 생기는 것은 땅이 개발되어 가치가 상승해 지가 상승으로 이어지기에 좋은 일임에 틀림없다. 하지만 그 도로가 내 땅 주변으로 생겨야 좋은 것이지 땅 한 가운데로 뚫린다면 결코 좋은 것만은 아니다. 왜냐면 도로는 국가 공공사업으로 '공시지가' 로 나라에 팔아야만 하기 때문이다.

그러면 '안 팔면 되지 않느냐?' 라고 물을 수도 있다. 하지만 땅의 원주인은 국가이기 때문에 국가가 공공사업으로 필요로 하면 국가의 제안에 응해야만 하는 것이다. 만일 국가의 제안을 거절하면 '공시지가' 로 계산된 보상금조차 받을 수 없게 된다.

다만 '납골당' 이나 '쓰레기 처리장' 같은 혐오시설에 대해서는 국가의 제안에 거절할 의사를 밝혀 타협의 여지가 있지만 도로나 공원 같은 여러 사람을 위한 공익사업은 국가에 귀속된다.

어머니와 나는 아버지가 사두신 땅을 직접 보러 갔다. 그 땅은 내가 봐도 나중에 전원주택을 짓고 살기에 적격인 것 같았다. 하지만 도로가 관통한다니 못내 아쉬웠다.

먼저 땅을 보고 가까운 공인중개사를 찾아 도로건설 계획도 듣고 땅이 얼마나 남는지 지도를 통해 보았다. 그나마 다행인 것은 도로로 수용돼도 집 한 채는 지을 수 있을 만한 공간은 남는다는 것이었다.

집에 돌아와서 많이 생각했다. 만일 '아버지라면 지금 어떤 결정을 내릴까?' 문득 목동이 떠올랐다. 지금 서울 목동에는 비행기가 날아다니지 않는다. 원래는 항로였지만 주민들의 반대로 비행기가 우회해서 지나가게 되었다. 그래서인지 몰라도 지금 목동은 '제2의

강남'이라 불리며 높은 시세를 형성하고 있다.

만일 아버지가 있었다면 땅 옆으로 도로를 우회해서 건설하게 할 수도 있지 않았을까 하는 생각이 들었다.

그 이후 땅에 대한 공부를 시작했다. 평소에 차를 타고 다니면서도 무심코 지나쳤던 땅들이 다르게 보였다. 평당 단가가 어느 정도나 할지, 혹은 저 땅은 나중에 많이 오를 것 같다, 이곳은 별 볼일 없겠구나, 저 땅의 주인은 도대체 누구일까? 등을 생각하는 버릇이 생겼다.

주말에 어머니와 그 땅을 다시 보러 갔다. 공인중개사의 설명도 들으며 땅을 둘러봤다. 둘러보던 땅 중에 유난히 저수지 옆의 땅이 마음에 들었다. 어머니도 같은 생각. 아니나 다를까 나중에 다시 찾았을때 저수지 옆의 땅값이 2배나 상승 했다. 이걸 통해서도 역시 우리나라 사람은 물을 좋아한다는 것을 알 수 있었다.

땅을 주로 거래하는 공인중개소를 찾으면서 이런저런 이야기를 많이 들었다. 그 중 제일 기억에 남는 것이 '거래의 신중함' 이다. 아파트 등 주택거래도 중요하지만 땅은 더 중요하다는 것이다.

땅을 매매할 때는 사고자 하는 땅을 1년에 걸쳐 10번 이상은 보고 사야 한다는 것이다. 그렇게 해도 절대 늦지 않는다는 것이다.

계절별로 땅은 변하기 때문에 여름에 와서 봤을 때와 겨울에 와서 봤을 때 많이 다르다고 한다. 그리고 10번 이상 같은 땅에 오게 되면 그때는 땅이 나에게 말을 한다고 한다.

"이제 나의 주인이 되어 주세요"라고.

언젠가부터 집으로 전화가 자주 온다.

"좋은 투자처가 있으니 투자하세요."

"급매물로 좋은 것이 있으니 투자하세요."

"좋은 정보 가르쳐 드릴게요."

바로 부동산 투자 회사들의 전화다. 이럴 때 어머니는 딱 한 마디만 그들에게 한다.

"그렇게 좋은 것을 직접하시지 왜 모르는 사람에게까지 전화를 하세요?"

그렇다. 세상 어디에서도 모르는 사람이 나에게 선행을 그것도 돈 되는 선행을 베풀 사람은 없다. 세상 사는 게 바빠서 그런지 기획부동산 회사를 이용해 거래하는 사람도 많다. 부동산이란 자고로 직접 발품을 팔면서 요모조모 따져봐야 하는 것인 데 말이다.

나는 기획부동산 회사를 통해 거래하고 돈을 벌었다는 얘기는 아직 들어보지 못했다.

땅도 하나의 돈 굴리기의 수단으로 각광 받으면서 세간의 주목을 받고 있다. 땅은 거짓말을 하지 않는다. 땅은 복잡하게 접근하는 것보다 오히려 상식으로 접근 하는 것이 최고의 전략이 될 것이다.

'과연 그 땅에 집을 지을 수 있을까?'

'과연 그 땅에 다른 사람들도 관심을 가져줄까?'

농사는 에누리가 없다.
부지런히 공을 들이면 꼭 그만큼의 대가만을 얻는다.
비바람이 몰아치면 모든 노력이 수포로 돌아가곤 한다.
인간만사 새옹지마다. 좋은 일과 나쁜 일은 돌고 도는 것이다.
하지만 가족이라는 울타리만이 세상 풍파를 막아낼 것이다.
그 가족의 힘을 믿기에 넉넉하고 여유롭다.

부동산은 불패다

우리나라의 지형은 삼면이 바다고 북쪽은 무시무시한 철조망으로 가로막혀 있어 한마디로 사방팔방이 모두 막혀 있다.

세계지도를 놓고 보면 우리나라는 정말 작다. 잘 보이지도 않는다. 외국인에게 우리나라를 찾아보라고 한다면 시간이 많이 걸릴 것이다. 그만큼 우리나라는 국토가 협소하다. 이처럼 작은 땅덩어리다보니 온 국민이 부동산에 열광하고 부동산 얘기만 나오면 귀가

솔깃해진다.

'사촌이 땅을 사면 배가 아프다'는 옛말처럼 우리나라 사람들은 사촌이 소를 사서, 어떤 물건을 사서 배가 아픈 것이 아니라 땅을 사서 배가 아픈 것이다. 땅에 대한 욕심이 굉장히 강한 것이다. 어쩌면 사람들이 열심히 돈을 버는 이유도 일단은 부동산을 사고 또 투자하기 위해서 일지도 모른다.

지금은 정부 정책으로 인해 부동산 가격은 소강상태다. 혹자는 일본을 예로 들며 우리나라도 곧 거품이 꺼질 것이라고도 한다.

과연 그럴까?

부동산도 거래를 통해 이루어지기 때문에 학교 경제 시간에 배운 것처럼 수요와 공급의 법칙에 적용된다. 공급보다 수요가 많으면 가격은 상승하는 것이고 수요보다 공급이 많으면 당연히 가격은 하락하는 것이다.

우리나라는 빠르게 경제성장을 이루어냈다. 아무것도 없던 땅에 상업시설, 공장이 새로 들어서면서 자연스레 땅의 가치가 높아졌다. 따라서 시간이 흐르면 아무것도 없던 땅에 도로가 뚫리고 계속해서 발전하기 때문에 땅의 가치는 계속해서 올라가는 것이다.

황무지였던 땅들이 가치가 올라가니 가격이 오르는 것은 당연한 현상이다. 지금도 위성사진을 보면 개발이 되어있는 곳도 많지만 아직 개발되지 않은 곳이 더 많다는 것을 알 수 있다. 아직도 가능성은 충분하다.

일본은 우리나라와는 많이 다르다. 태풍과 화산폭발, 잦은 자연재해로 인해 멀쩡하게 있던 집과 빌딩이 무너지고 도로가 끊기는 판국에 믿을 것은 현금밖에 없다는 생각이 지배적이기 때문에 0.03%의 초초저금리에도 저축을 더 선호한다.

반면 우리나라는 일본과 같은 자연재해도 없고 대부분의 사람들이 투자 1순위로 부동산을 꼽는다. 부동산은 불패다.

하지만 지금까지 처럼 가파르게 상승하기는 힘들 것이다. 주택 보급률은 100%가 넘어선 지 오래되었고 인구의 감소가 예상되니 부동산 투자에도 차별화가 필요한 시점이다.

즉, 부동산 투자에 대한 전략이 필요한 것이다.

먼저 내가 살고 있는 집과 그 주위 지역부터 분석을 시작해야 한다. 그것은 누구보다 내가 가장 잘 알기 때문이다. 종이 한 장을 꺼내놓고 세로로 반을 접은 다음에 왼쪽에는 장점을 오른쪽에는 단점을 적는다. 사소한 것이라도 놓치지 말고 적어야 한다. 교통, 주변 생활편의시설, 교육여건, 주차시설, 단지 규모 등.

이렇게 적다 보면 종이 한 장은 꽉 차게 되고 나름대로 판단이 설

것이다. 더 이상의 가격 상승을 기대하기 힘들 것 같다고 생각되면 다른 지역으로의 이사를 심각하게 고려해봐야 할 것이고 반면 계속해서 상승할 것으로 예상되면 현재 그곳에 살면서 또 다른 투자의 방향을 잡아야 할 것이다.

또 신문이나 TV의 기사, 뉴스를 보다 더 관심을 가지고 봐야한다. 신문을 볼 때는 부동산 섹션에 있는 기사보다는 종합면, 사회면을 더 비중있게 볼 필요가 있다. 부동산은 정부 정책에 따라 불이 붙기도 하고 사그러 들기도 하기 때문이다.

또한 큰 기사 보다는 작게 나와 있는 어느 지역의 소식, 예를 들어 무슨 시설이 들어서고 어떤 개발이 추진되는지 등이 정말 중요한 정보다. 기업의 동향도 잘 살펴볼 필요가 있다. 기업이 큰 공장을 새로 짓고 이전함에 따라 그 지역은 기업도시로 발돋움 할 것이다.

셋째, 사람들의 마음을 읽을 수 있어야 한다. 사람들이 과연 무엇을 가장 선호하고 무엇을 싫어하는지 알아야 한다. 통계로 보면 우리나라 사람들은 강을 제일 좋아하고 다음으로 공원과 호수, 산의 순서라고 한다. 강보다 좋아하는 것이 또 있다. 바로 교육 여건이다. 교육 여건은 앞의 모든 요소들보다 우선 순위에 있다.

넷째, 현재를 보지 말고 미래를 봐야 한다. 사람들이 흔히 실수를 하는 것이 부동산은 미래에 대한 투자인데 현재의 투자로 생각한다는 것이다. 예를 들어 사람들은 경기도 용인지역을 교통이 불편해서 가고 싶지 않은 곳이라고 생각한다. 물론 현재는 교통이 불편하다. 하지만 용인지역의 교통여건은 계속해서 좋아질 것이고 지하철 개통까지 예정되어 있다. 미래를 보지 못하고 현재만을 생각하는 것은 편협한 사고이다. 지하철 노선도를 볼 때도 현재가 아닌 미래의 지하철 노선도를 봐야 한다.

다섯째, 변화된 트렌드를 읽어야 한다. 과거 집을 소유하기 위해 노력했던 것과는 반대로 이제는 투자의 개념이다. 웰빙이라는 트렌드가 무시 못할 위력을 발휘하고 있다. 틈도 없이 아파트가 들어서 있는 곳보다는 동간 넓이가 넓고 녹지율이 풍부한 곳을 분명 선호할 것이다. 주5일제로 도시를 떠나 여가를 즐기고 레저를 즐기는 사람이 많아질 것이다.

여섯째, 앞에서 말했듯이 주위의 공인중개사와 친해지는 것을 잊으면 안 된다. 부동산 투자를 위해 정보 수집 과정에서 분명히 도움이 될만한 정보를 줄 것이고 실제로 계약시에 결정적인 조언도 해줄 것이다.

그래도 뭐니 뭐니 해도 부동산 가격이 제일 많이 오를 것이라고 예상되는 지역은 자신이 가장 가고 싶어 하고 가장 마음에 드는 곳일 것이다.

주택청약 적금인데, 청약예금으로 돌릴 경우 당첨 확률이 떨어지나요?

ID : 방가

지금 주택청약 부금으로 만기된 통장이 있는데(1순위 자격도 되구요) 계약시 25평형대(25~260만 원)라 예치금을 올리고(400만 원) 1년 후엔 더 넓은 평수로 청약을 할 수 있다고 합니다. 그렇게 하려면 제 통장이 청약부금 통장이 아니고 청약예금 통장으로 변환이 된다고 하는데, 당첨시 청약예금통장과 부금 만기된 통장의 당첨 확률은 같은지 궁금합니다.(제 명의고 무주택자입니다.)

대부분의 사람들이 청약저축의 1순위는 모두 동일한 위치에서 동일한 조건으로 평등하게 추첨되는 것으로 알고 있을 것이다. 그리고는 청약해서 떨어지면 '왜 나만 계속 떨어지고 운도 없다'고 여긴다. 하지만 그렇지 않다. 청약저축은 같은 1순위라도 당첨 확률이 달라진다. 전용면적 40㎡ 미만은 불입 횟수가 한 번이라도 더 많아야 당첨확률이 높아지기 때문에 정해진 액수가 되었다고 방치하지 말고 계속해서 불입해야 한다. 또한 40㎡ 이상은 불입액수가 조금이라도 더 많아야 유리하기 때문에 자금여력이 되면 더 많은 액수를 불입해야지 유리해진다.

반면 청약예금과 청약부금의 1순위의 당첨 확률은 동일하다.

떼굴떼굴 천만 원 굴리기

우리 돈 천만 원
≒ 미국 돈 10,000달러
≒ 일본 돈 1,000,000엔
≒ 중국 돈 76,200위안
≒ 유럽 돈 7,160유로

우리 돈 천만 원으로 할 수 있는 것
1년 만기 정기예금

꾸준히 커뮤니티를 운영한 결과
회원이 1,000명을 넘고
두 번째 해에는 1년이 안돼
1만 명의 회원이 가입했다.

커뮤니티 '떼굴떼굴 돈 굴리기'

내가 이 책을 내는 데 가장 많은 도움을 준 친구가 있다. 그 친구는 바로 인터넷 커뮤니티다. 커뮤니티 '떼굴떼굴 돈 굴리기'는 나를 외부에 알리고, 몇몇 회사에서 입사제의도 받고, 지금은 이 책을 쓸 수 있게 도와준 일등공신이다.

처음 커뮤니티를 만들 때 나는 물론이고 커뮤니티에 대한 인지도 역시 거의 없었기 때문에 나만의 친목 커뮤니티에 불과했다. 그래서인지 주위 사람들은 내가 재테크 커뮤니티를 운영하는 것에 대해 좋지 않은 시선으로 바라보았다.

"지금부터 취업준비를 해도 될까 말까인데 여기에 신경 쓸 시간이 어디 있어?"

"차라리 영어공부를 더 하거나 자격증을 따는 것이 낫겠다."

"커뮤니티 안에 있는 여자들 소개시켜 주라."

"커뮤니티에 가입했으니 선물 안 주냐?"

나는 학교 수업 전 컴퓨터를 먼저 찾았고 수업이 끝나면 커뮤니티 관리를 위해 다시 컴퓨터 앞에 앉았다. 사실 내가 커뮤니티 관리를 열심히 하게 된 계기가 있다. 처음 만든 지 얼마 되지 않아 어떻게 알고 왔는지 새 회원이 들어왔다.

'잘못 들어왔나?' 생각했지만 시간이 지나면서 꾸준하게 사람들이 들어왔다. 내 커뮤니티에 들어오려면 인터넷 검색을 거쳐 10페이지 뒤에 있는 곳까지 와야만 가능했다. 쉬운 일이 아님에도 찾아오는 회원들에게 고마운 마음과 함께 '더욱더 열심히 해야겠다'는 생각이 들었다.

먼저 목표를 세웠다. 커뮤니티를 만든 첫 해에는 1,000명의 회원을 가입시키는 것이고 다음 해에는 1만 명의 회원을 모으는 것으로 목표로 정했다. 첫 해 1,000명의 회원이 되기까지 정말 힘들었다. 사람들이 많이 있어야 군중심리로도 더 많은 사람들이 가입할텐데, 목표달성이 어렵겠다는 생각도 들었다. 하지만 회원수에 관계없이

꾸준히 커뮤니티를 운영한 결과 1,000명을 넘었고 곧 두 번째 해에는 1년이 안돼 1만 명의 회원이 가입했다.

재테크 커뮤니티라 사람들은 무슨 대박 정보가 있는가 싶어 은근한 기대감을 숨기지 않았다. 그런 회원들에게 나는 꼭 이런 말을 한다.

"대박 정보는 특별한 것이 아닙니다. 요즘 사람들의 재테크에 대한 관심사 혹은 키워드만 알아도 커뮤니티에 와서 많은 것을 배워가는 것입니다. 그것이 대박 정보가 아닐까요?"

커뮤니티를 운영하면서 많은 분들이 질문을 한다. 그런데 커뮤니티에 있는 질문 게시판 보다는 나에게 개인적으로 질문하는 경우가 더 많다. 커뮤니티의 발전과 많은 사람들을 위해서는 게시판을 이용해야 여러 사람들이 보고 느끼는데…. 재테크에 대한 기본적인 질문을 하면 부끄러운 일이라 생각하는 것이다.

요즘처럼 경제가 어렵고 돈 관리가 중요해진 시기에 커뮤니티는 하나의 마당이다. 좋은 정보도 공유하고, 작은 실수로 피해를 입은 사람은 다독거려주고, 이득을 본 사람에게는 칭찬과 그 사람의 노하우를 배울 수 있는 그런 곳이다. 즉 서로 Win-Win 할 수 있는 기회를 마련해 준다. 또한 사람 냄새가 물씬 나는 곳이기도 하다. 인터넷 커뮤니티는 21세기, 공간을 초월한 이웃사촌이 모여 있는 곳이다.

다음은 이웃사촌들의 말이다.

김장

ID : 88정희

김장 했어요. 정말 죽는 줄 알았어요. 파스로 도배하고 있어요.
남편, 아이들 그리고 친정엄마 모두 쌈 먹느라 난리였어요.
재테크도 우리네 엄마들이 하는 김장 같지요.
미리미리 준비해야 하니까.

오늘 콩떡이

ID : 미래파

오늘 대형마트에서 장을 봤습니다. 귤도 사구 라면도 사구….
정말 오랜만에 두 봉지 가득 찬, 뿌듯한 마음을 느낄 수 있었습니다.
근데 별로 안 산 것 같은데 몇 만 원은 훌쩍 넘더라고요.
취업 준비중이라 돈 많이 주는 회사 들어가야겠다는 생각이 무지 많
이 들었습니다.
우리는 앞으로 얼마의 돈을 더 쓰게 될까요? 10억 원? 50억 원?
평생 쓰게 될 돈의 양이 적다는 것은 현대 사회에서 그리 반가운 일
은 아니겠지요.
돈이 풍족해야 좋은 집도 사고, 멋진 차도 사고, 사랑하는 사람에게
제약 없이 선물도 사줄 수 있을테니까요.
그래도 전 개인적으로 돈이란 행복이나 사랑, 가족에 비교조차 할 수
없을 정도로 하찮은 것이라 생각합니다.
동감하시나요? 혹자는 이에 반대할 수도 있겠죠… ^^

그래도 전 부지런히 목표한만큼 적잖은 돈을 벌려고요. 왜냐면요….

하찮은 것이 없어서 소중한 것을 잃기는 싫으니까요.

세계 여행 티켓이 생겼는데 공항까지 갈 차비가 없어서야 되겠습니까?

돈이란 그런 것 아닐까요?

이상 콩떡의 짧은 생각이었슴다~!^^

나에게 주어진 길을 당당하게 걸어갈 것이다.
그것이 이 길을 선택한 자신을 진정으로 사랑하는 방법일 것이기에….
세상에 후회 없는 선택이 어디 있을까?
단지 모든 건 길을 가는 사람에게 달려 있을 것이다.

곶감 빼먹는 재미가 있다

라스베가스, 3일 간의 허니문.

신혼부부는 그동안 카지노에서 1,000달러를 잃었다. 마지막 날 밤, 침대에 누워있던 신랑은 화장대 위에 무언가 빛나고 있는 것을 발견했다. 가까이 가 보니 기념으로 놓아둔 5달러짜리 칩이었다. 희한하게도 칩 표면에 '17이' 라는 숫자가 뚜렷이 빛나고 있었다.

'이는 분명 어떤 암시다' 라고 생각한 신랑은 녹색 목욕 가운을 걸

친 채 급히 룰렛장으로 내려가 17에 5달러 칩을 걸었다. 구슬은 17에서 섰고 판돈은 35배인 175달러가 되어 돌아왔다. 신랑은 다시 그 돈을 17에 걸었고, 작은 구슬은 또 17에서 멈춰 도합 6,125달러가 되었다. 운 좋은 신랑은 계속 이런 식으로 이겨 무려 판돈을 750만 달러까지 늘릴 수 있었다. 하지만 그때 플로어 매니저가 게임을 중단시키려고 들어왔다. 또 다시 17이 나온다면 자기네 카지노에서는 더 이상 지불능력이 없다는 것이다.

하지만 신랑은 거기서 멈추지 않았다. 택시를 타고 라스베가스에서 가장 돈이 많다는 카지노에 도착, 다시 모든 돈을 17에 걸었다. 그리고 또 다시 승리했다. 순식간에 2억6,200만 달러가 호주머니 속으로 굴러 들어왔다. 흥분한 신랑은 그 돈을 또 다시 17에 걸었다. 하지만 작은 구슬은 18에서 멈췄고 결국 그는 모든 것을 잃고 말았다. 무일푼이 된 신랑은 터벅터벅 몇 마일을 걸어 호텔로 되돌아 왔다.

“어디 갔다 왔어?”

“룰렛 하고 왔어.”

“어떻게 됐어?”

“나쁘진 않았어. 5달러를 잃은 것 외엔.”

이 일화는 미국 네바다주에서 전해오는 이야기다. 신랑은 카지노

에서 한 때 2억 달러 이상까지 돈을 벌었지만 결국 마지막에는 빈
털터리가 됐다. 과연 신랑이 2억 달러를 벌었다고 말을 할 수 있을
까? 그 신랑은 2억 달러를 만져보지도 못했다.

사람들이 흔히 착각하는 것 중 하나가 '돈을 벌었다는 개념'이다.
내 친구 중 한 명은 주식으로 얼마의 돈을 벌었다고 자랑했다.

나는 그 친구에게 물었다.

"그러면 그 번 돈은 찾았어?"

"아니, 아직 주식을 팔지도 않았어. 오늘까지의 평가수익이 얼마
났더라고."

고개가 갸우뚱 거려진다.

어떤 아주머니가 자기네 집값이 올랐다고 자랑을 한다.

"요즘 우리 아파트 값이 올라서 5,000만 원을 벌었어."

과연 이 친구가 돈을 벌었다고 말할 수 있을까? 아파트 값이 올랐
다고 자랑하는 아주머니도 돈을 벌었다고 할 수 있을까? 내 친구도
아주머니도 실제로 돈을 번 것은 아니다. 당장 눈에 난 이익을 가지
고 주식을 팔거나 집을 팔라는 얘기는 아니지만 하한가로 내리치는
주식시장에서 오늘 난 이익만으로 돈을 벌었다고 단정 짓기는 어려
운 것이다.

내일 당장 정책이 변해 아파트 값이 7,000만 원 이상 떨어져 오

히려 2,000만 원의 손해를 볼지 아무도 모르는 것이다. 그래서 나는 이런 경우 돈을 번 것이 아니라고 생각한다.

'돈을 벌었다는 개념'은 두 가지다.

첫째는 이론상의 이익이고 둘째는 실제적인 이익이다.

이론상 평가손익으로 이익은 났지만 그것을 돈으로 바꿔 써보지도 만져보지도 못했다면 그저 이론상의 이익일 뿐이다. 내가 말하는 이익은 이론상 이익을 직접 만져보고 써봤을 때의 실제이익이다. 분명 이론상 이익도 중요하지만 이론상 이익을 실제이익으로 바꾸는 과정도 어느 정도 필요한 것이다. 일화 속의 주인공인 신랑은 2억 달러를 벌었지만 정작 본인은 1달러도 만져보지 못했고 오히려 초기 투자금액 5달러마저 잃었다.

주식을 해서 돈을 벌었다는 친구는 내게 전화를 걸던 당시까지는 주가 상승으로 돈을 벌었지만 그 돈을 직접 만져보지도 못했고 주가 하락의 여지까지 남겨두고 있으니 엄밀한 의미에서 돈을 번 것은 아니다. 마찬가지로 아파트 값이 올라 동네방네 자랑하고 다니던 아주머니의 집값은 시세가 떨어져 오르기 전과 같아졌다.

'돈을 벌었다는 개념'에 대해서 내 나름의 기준을 세운 계기가 있다. 주식투자를 할 때 투자원칙을 고수하며 예상대로 거듭 작은 이익을 남기고 있었다. 눈덩이를 굴리듯 원금에서 추가된 이익들은 자연스레 다음 투자로 이어졌다. 계속해서 수익만 났으면 모르지만 원금이 눈덩이처럼 불어난 상태에서 매입한 주식종목이 하락해 1주일간 났던 수익보다 더 많은 피해를 입었다. 갑자기 돈이 필요해 돈을 찾았을 때는 이윤은 고사하고 원금도 찾지 못했다. 주식이 하락하기 전까지 나는 분명 돈을 벌었었다. 하지만 정작 나는 그 돈을 만져보지도 못했다.

이후 나만의 투자 원칙이 하나 더 생겼다.

주식에 쏟는 투자금액의 상한선을 정하고 그 이상을 넘지 말자. 사람이라는 게 욕심으로 망하는 법이니까. 지금껏 나는 정해 놓은 2,000만 원의 상한선을 절대 넘지 않고 있다.

둘째, 주식으로 수익이 난 금액은 무조건 찾는다.

투자로 인한 수익은 바로 찾아 은행 통장에 입금 했다. 입금액수가 어느 정도 모이면 사고 싶었던 오디오도 사고 핸드폰도 새로 장만했다. 소비도 좋았지만 또 다른 수익을 원했다. '어떻게 하면 효과적으로 이익을 관리할 수 있을까' 고민하던 끝에 주식 간접투자 상품에 다시 투자하는 것이 좋겠다는 결론을 내렸다.

주식 투자로 발생한 수익은 다시 적립식 펀드에 투자하기 시작했다. 간접투자는 매월 10만 원, 기간이 길면 길수록 수익이 나는 적립식 펀드 특성상 기간은 3년으로 정했다. 매월 10만 원의 수익이 나면 적립식 펀드로 들어갔고 그 이상의 수익에 대해서는 은행 통

장으로 입금하고 나중에는 MMF로 입금하게 되었다. 물론 매달 10만 원의 수익이 나지 않을 때도 있다. 그럴때는 용돈으로 적립식 펀드를 이어갔다.

이렇게 해서 나는 주식 직접 투자, 간접 투자 모두를 효과적으로 할 수 있게 되었다.

곶감꽂이에는 곶감이 10개가 꽂혀있다. 하지만 그것이 정해진 원칙은 아니다. 꽂이의 여유만 된다면 내가 노력하는 만큼 더 많은 곶감을 꽂을 수 있다. 어떤 이는 새로 꽂혀진 곶감을 금방 빼서 먹기도 하고 남에게 주기도 한다. 또 어떤 이는 새로 꽂혀지는 곶감을 빼내어 새로운 꽂이를 만들어 그 숫자를 불려간다.

나이가 들어 눈도 침침하고 기력이 쇠해지면 그동안 모아둔 곶감 빼먹는 재미를 알 수 있겠지?

너무 일찍 철이 들어야 했지만
때로는 시련이나 슬픔이 더 큰 힘이 되기도 한다.

세상에 이런 일이

얼마 전 TV에서 고층 건물에 정확히 신문을 던져넣는 신문배달
부를 보았다.

어렸을 적부터 신문 읽기를 밥 먹듯 단 하루도 거르지 않았던 나
는 갑자기 호기심이 발동했다. 신기하기도 하고 재미있을 것 같아
거실 한 구석에 있는 신문더미에서 최근의 것을 한 뭉치 꺼내들고
신문던지기를 해보았다. 하지만 내가 던진 신문 뭉치는 단 한 번도

목표한 곳에 떨어지지 않았다. 그래서 나는 신문 기사를 꼼꼼히 보는 애독자에 만족하기로 했다.

TV가 귀했던 시절, 일간신문은 세상 돌아가는 이야기를 구구절절 들려주던 유일한 수단이었다. 지금이야 교육상 일부러 보지 않는 경우를 제외한다면 돈이 없어 TV가 없다는 집을 찾기 어렵고, 유선방송으로 하루 24시간을 영화, 드라마, 뉴스를 자신의 입맛에 맞게 번갈아 채널을 돌려가며 볼 수도 있다. 게다가 인터넷이 보편화 되면서 언제 어디서나 내가 원하는 정보를 실시간 확인할 수 있고 아침마다 지하철에서 배포되는 무료신문도 그 수가 한 둘이 아니다.

내 나이 스물 일곱. 내 또래가 그러하듯 인터넷은 생활의 일부가 되었고 커뮤니티를 운영하면서 더 많은 시간을 컴퓨터 앞에서 보내고 인터넷을 통해 정보를 구한다. 하지만 나는 경제신문과 종합신문 이렇게 2종류의 신문을 보며 신문 읽기를 결코 게을리 한 적은 없다.

요즘은 회사에서 3~4개 정도의 일간신문을 보고 있다. 학생 때와는 달리 직장 생활이라는 게 여유를 갖기가 쉽지 않다. 그래도 아침에 일어나면 신문을 제일 먼저 찾고 꼼꼼하게 본다. 혹시나 아침에 보지 못한 부분이 있으면 주말에 시간을 내서라도 본다. 그래서 내 방에는 언제나 신문이 수북이 쌓여있다. 어머니도 회사에서 신문을 보다가 좋은 기사가 있으면 꼭 스크랩을 해 두신다.

내게 있어 신문을 읽는 것은 자연스러운 습관이다. 어릴 때는 사회, 경제 분야에 관심이 없어 신문을 펼쳐들고 TV프로그램을 중점적으로 연구했다. 명절 때면 아침부터 저녁까지 TV를 끄는 일 없이 재미있는 만화를 보기 위해 공백이 없도록 '나만의 TV 편성표'를 짜느라 바빴다.

어느 순간 만화보다 야구가 좋아 스포츠 기사를 보느라 시간 가는 줄 몰랐다. 그리고 세뱃돈으로 주식을 사고부터는 신문의 관심면이 달라졌다. 어렵게 모은 내 돈으로 투자한 보유 주식이 올랐는지 떨어졌는지 너무 궁금해 주식 시세면에서 눈을 뗄 수 없었다.

하지만 신문 보는 것을 단지 습관처럼 이어가고 있는 것은 아니다. 신문을 읽고 얻어지는 경제적인 이득 때문에 바쁜 직장 생활에도 스크랩 하는 일을 게을리 하지 않는다.

일간지에는 경제신문에는 없는 백화점이나 동네 가까운 마트의 반짝 세일정보가 담긴 일명 '찌라시'라는 게 같이 들어온다. 반짝세일, 고객감사전 등의 기회를 잘만 노린다면 충분히 가계에 보탬이 될 수 있다. 게다가 어차피 낼 돈이긴 하지만 얼마간의 무료구독도 할 수 있고, 지역마다 다르긴 해도 마트 상품권이나 자전거, 심지어 청소기까지 덤으로 얻을 수 있다.

하지만 한번 보기 시작하면 보던 신문을 좀처럼 끊기가 쉽지 않

다. 그 신문에 길들여지기 때문이다.

여기서 말하고자 하는 것은 인터넷 기사보다 일간지가 더 좋다는 것이 아니다. 그것은 개인적인 성향이며 중요한 것은 그것이 담고 있는 내용, 즉 기사에 관심을 기울여야 한다는 것이다. 그것이 아주 작고 허접한 기사라도 말이다. 그 기사의 가치는 어느 누구도 단정지을 수 없는 것이고 당장은 아니지만 차후에라도 알짜 정보가 될 수 있는 것이기 때문이다.

금융상품도 일반 소비 물품처럼 세일을 한다. 대표적인 예로 2000년 투신사 부흥 정책의 일환으로 한시적인 비과세 상품을 발매한 적이 있으며, 2001년에는 몇 달간만 반짝 3,000만 원 한도의 비과세 상품을 판매했다.

그러나 이 상품들은 특별히 인터넷이나 TV 같은 대중매체로 크게 광고를 하지 않았고 다만 신문을 통해서 알려졌다. 게다가 기사 분량이 그렇게 크지 않아 유심히 들여다보지 않았다면 그냥 지나쳤을 것이다. 따라서 중요한 기사는 크게 게재되기 마련이지만 반드시 기사 분량이 많은 것이 돈 되는 알짜 정보일 순 없다는 것이다.

부동산의 경우 부동산 섹션에 있는 기사로 대박을 꿈꾼다면 조금 말리고 싶다. 실제 부동산면에 있는 대부분의 기사는 투자만을 따진다면 찬밥일 가능성이 크다.

부동산은 미래에 대한 투자이기 때문에 부동산 섹션에서 기사를 확인하고 투자를 하는 것은 신상품이라고 나왔지만 실제로 이월 상품이 되어서야 사는 것과 같다. 그보다는 신문의 종합면과 사회면에 주로 나오는 '어디에 무엇이 새로 생긴다', '어디에 무엇이 이전한다' 등 이런 게 진짜 정보다.

우연히 신문을 읽다가 '어느 지역의 땅값이 폭등하고 있다' 라는 내용을 확인하고 '아니! 여기 땅이 좋다고? 그럼 나도 땅이나 한 번 사볼까?' 했을 때는 이미 늦었다는 것이다.

기사를 잘 찾아보면 베일에 꽁꽁 쌓여있을 것 같은 돈줄도 예상외로 쉽게 발견할 수 있다. 언제부터인가 우리의 생활코드가 웰빙에 맞춰졌다. 웰빙 열풍은 식을 줄 모른다. 식생활에서 조금씩 퍼져나가던 웰빙 열풍은 콩으로 만든 팬티까지 만들어냈다.

웰빙! 부자를 꿈꾼다면 무엇을 생각해야 할까?

'유기농 음식을 먹어야지!'

'질보다는 양이야. 현미를 먹어야지'

'요가를 한 번 해봐?'

진정한 고수라면 생각을 거기서 멈추지 않는다. 그들은 웰빙 열풍이 불자마자 바른 먹거리를 주장하던 '풀무원' 주식을 샀다. 그들의 기대를 저버리지 않고 풀무원의 주가는 지속적인 상승을 이어갔다.

다른 예를 들어보자.

'이마트가 계속해서 점포를 늘려가고 있으며 현재 몇 호점이 탄생했다' 라는 기사를 얼마 전에 접한 당신이라면 어떻게 해야 하는가?

'이마트는 장사가 잘되나봐.' 이게 아니라는 것이다. 경제에 감각을 가진 사람이라면 신세계 주식을 생각해야 한다. 얼마 전 「여성중앙」 인터뷰에서도 언급한 내용이지만 개인적으로 신세계 주식에 매력을 느낀다. 신세계는 이마트뿐만 아니라 백화점도 같이 운영하고 있어 돈이 셀 틈이 없다는 게 이유이다.

경기가 좋을 때는 백화점의 매출을 기대할 수 있고 경기가 좋지 않을 때는 소비심리가 위축되어 마트의 매출을 기대할 수 있다. 이러한 기사에 귀 기울인 탓에 웰빙 열풍의 풀무원과 마트 열풍의 주인공 신세계 주식은 나에게 적지 않은 수익을 가져다 준 효자종목이었다.

나라 정책도 꿰뚫고 있어야 한다. 우리나라는 유난히도 정책의 변화가 많다. 정책이 너무 많이 바뀌다 보니 쉽게 들을 수 있는 말 중에 하나가 '아니, 언제부터 그랬어?' 이다.

내가 지금 살고 있는 지역도 부동산 정책이 최근 1년 사이에 2번이나 변했다. 투기과열지구에서 주택거래 신고지역으로 바뀌었다가 다시 투기과열지구로 바뀌었다. 세금관련 정책도 자주 바뀐다. 그래야 세금관련 업종에 종사하는 사람들이 돈을 벌겠지만 꿰뚫고 있지 않으면 자신도 모르는 사이에 피해를 볼 수 있다.

그렇다면 '앞으로 투자해도 손해 보지 않을 종목엔 무엇이 있겠냐' 는 질문에는 정답도 오답도 없다. 하지만 이것만은 확실하다.

'경기가 안 좋다' '하락장이 연일 계속 되고 있다' '하루에도 문을 닫는 음식점이 몇이나 되는지 모른다' 등.

연일 보도 되는 기사들로 돈줄은 꽁꽁 얼었고 투자자들은 마치 겨울잠을 자는 듯하다. 더 이상 상승장을 기대하기란 어려울 것 같다. 하지만 투자자들이 겨울잠을 자는 이유는 봄날을 위한 준비라는 것을 알아야 한다.

추락하는 것은 날개가 있듯 이러한 불황은 언젠가 끝이 있다. 경제는 롤러코스터나 88열차처럼 큰 사이클을 그리며 움직인다. 일반적으로 한국의 경우 5년의 주기를 가지고 경제호황과 불황을 이어가며 경제곡선을 그려가고 있다고 한다. 그 주기는 달라질 수 있지만 호황과 불황의 반복은 반드시 계속된다. 하지만 더욱 중요한 것은 호황 중에도 대세하락은 있고 불황 중에도 대세상승은 있다.

천릿길도 한걸음부터

급히 먹는 밥이 체하는 법이다. 경제를 바라보는 거시적인 안목은 단기간에 이루어지는 성격의 것이 아니다. 신문이건 인터넷을 통하

든 상관 없다. 자신의 취향에 맞는 방법을 골라 세상 돌아가는 소리에 귀 기울이라는 것이다. 그러다 보면 가끔 세상 살 맛 나는 정보도 얻을 수 있을 테니까.

우리 모두 부자 되는 그날까지. 아자아자!!!

우리는 누군가로부터 특별한 대우를 받기를 원한다.
남들에게 없는 혜택이 나에게 주어지는 것을
싫어하는 사람은 아마도 없을 것이다.
특히 금전적인 혜택이 주어진다고 얘기를 한다면
누구나 귀가 솔깃해 질 것이다.

여우를 이기는 토끼

당신은 은행에서 우수고객입니까?

우수고객이 아니라면 지금부터 우수고객이 되기 위한 준비를 하면 된다. 우수고객이 되는 일은 생각보다 어렵지 않다.

K씨는 얼마 전 저녁에 갑자기 친구와 약속이 생겨 돈이 급하게 필요했다. K씨가 가지고 있는 현금카드의 은행을 찾았고 은행에서 돈을 인출했다. 그런데 현금카드 발행 은행에서 적은 금액을 찾았

는데도 불구하고 수수료가 700원이나 되었다. 700원이 굉장히 아깝게 느껴졌지만 급하게 필요하니 어쩔 수 없이 700원의 수수료를 지불하고 인출했다. 그리고 씁쓸한 기분으로 은행에서 나왔다.

이 같은 수수료가 계속해서 지불된다면 시간이 지날수록 그 금액은 커질 것이다. 은행들은 저금리 시대에 살아남기 위해 고객들이 얌체가 될 것을 은연중에 강조하고 있다. 수수료는 계속해서 올리겠지만 수수료를 부과하지 않는 방법도 있으니 수수료를 지불하기 아까우면 그 방법을 이용하라는 것이다. 그것이 바로 '우수고객 제도'이다.

우수고객 제도는 특별한 것이 아니다. 은행에서 정해놓은 일정한 조건만 만족시키면 되는 것이다. 은행들은 포인트를 만들어 기여도가 조금씩 인정될 때마다 포인트를 지급하고 포인트가 일정수준으로 올라가면 우수고객으로 선정한다.

모든 은행이 같은 것은 아니다. 어떤 은행은 작은 조건 몇 개를 제시하고 그 조건 하나만 만족시켜도 우수고객으로 인정하는 은행도 있다.

작은 조건들의 예를 보면, 5년 이상 거래했던 사람에게 단골고객으로 인정해 우수고객으로 선정하고, 자동이체 건수가 월 평균 3건 이상, 신용카드 결제실적이 일정 수준 이상, 인터넷 뱅킹과 현금지

급기를 이용한 횟수가 일정 수준 이상이면 우수고객으로 선정된다.

우수고객의 조건이 어렵게 느껴지는가?

아니다. 그다지 어렵지 않다.

은행마다 우수고객의 조건은 천차만별이다. 각자 이용하는 은행을 방문해 우수고객의 조건이 무엇이고 어떻게 하면 되는지 물어보면 친절하게 알려 줄 것이다. 나는 신용카드 결제실적에 의해 우수고객으로 선정되었다. 결제할 때 한 카드로만 사용한 결과다.

이렇게 한 명의 우수고객이 탄생되면 은행은 공헌도가 인정되는 고객이 생겨 이익이고 고객은 수수료에 대한 부담을 덜 수 있다. 또한 영업시간 외 갑작스런 상황에도 편안한 마음으로 돈을 인출 할 수 있으니 일석이조의 효과를 거두는 것이다.

그리고 여유돈이 생겨 수익 상품을 결정할 때는 0.1%라도 더 지급되는 은행을 찾아가 이용하면 되는 것이다. 은행도 얌체같이 수수료만 계속해서 올리니 고객도 얌체처럼 우수고객 조건만 만족시키고 그 이외에는 조금이라도 더 높은 이율을 주는 은행을 찾아 다니면 되는 것이다.

한 우물을 파는 것도 좋지만 능력이 되면 여기저기 우물을 파는 것도·나쁘지 않다. 사실 한 은행에 올인할 필요는 없다. 여유돈이 생기면 0.1%라도 이율이 높은 은행을 찾아야 한다.

저축은행이나 신협, 새마을금고 등은 겉모습도 허름해 보이고 직원도 몇 명 없어 타 은행들과 달리 믿음이 덜하다는 사람들이 꽤 있다. 하지만 이율을 더 주겠다는데 마다할 수는 없다. 겉은 허름해 보이더라도 속은 알차다.

상호저축은행은 일반은행보다 금리를 최고 2% 이상 더 지급한다. 0.1%가 중요해진 요즘 2%를 더 준다는 것은 충분히 메리트가 있다. 신협이나 새마을금고는 세금을 농특세 1.5%만 부과하고 단위 농·수협의 농어가목돈마련저축은 비과세다.

상호저축은행이나 신협, 새마을금고 등에 돈을 맡기고 불안해 할 필요가 없다. 모두 예금자 보호장치가 있어 혹시 부실이 드러나 문을 닫는다 해도 나라에서 그동안의 이자까지 인정해서 지급해 주기 때문이다. 예금자 보호법에 적용되는 액수는 전 금융 기관을 통틀어 5,000만 원이다. 따라서 5,000만 원을 예금하면 이자 없이 정확히 5,000만 원만 받는다. 세심한 관리가 필요한 대목이다.

만일 1.5%의 세금을 내는 것도 아깝다면 비과세 혜택을 노려볼만 하다. 대신 비과세 혜택은 일반인에게는 기회가 없다. 55세 이상의 할머니, 60세 이상의 할아버지, 장애인, 국가 유공자만 비과세 혜택이 주어진다. 비과세 혜택도 한도가 정해져 있는데 전 금융기관을 통틀어 3,000만 원이다. 2004년 8월 이전에는 2,000만 원이었던 것이 3,000만 원으로 변경, 비과세 혜택을 더 볼 수 있게 되었다.

비과세 혜택을 받고 싶으면 할머니나 할아버지의 명의로 가입을 하는 것도 한 방법일 수 있다. 이렇듯 저금리에도 돌파구를 찾으면 길이 있다. 계속해서 내려가는 금리를 보고 '서민들 살기만 점점 힘들어지네'라고 생각할 것이 아니라 다른 돌파구를 찾도록 노력을 해야 한다.

피할 수 없으면 즐기라는 말은 이때 하는 게 아닐까?

일본은 금리가 0.03%이다. 우리나라의 금리는 일본보다도 무려 100배가 높다. 선진국인 일본보다도 우리나라 금리가 100배가 높으니 일본의 금리를 위안으로 삼는 것도 방법일 수 있다.

돌파구를 찾아다니는 사람과 그냥 물 흐르듯이 생활한 사람의 차이는 훗날 당연한 결과를 초래할 것이다.

은행이 여우같이 수수료만 계속해서 올리니 고객은 토끼가 되어 우수고객 조건만 만족시키고 그 이외에는 조금이라도 더 높은 이율을 주는 은행을 찾아 다니면 되는 것이다.

한 가지 주의 할 점은 '한 번 우수고객이 영원한 우수고객은 아니다'라는 것이다. 작은 불편을 감수하더라도 한 번 얻은 '우수고객 인증'을 계속해서 유지해 나가려는 노력이 필요하다.

다음은 커뮤니티 '떼굴떼굴 돈 굴리기'에 올라왔던 질문이다.
과연 어떤 것이 더 유리할까?

어디를 선택할까요?

ID : epitaph

예금을 가입하려고 하는데 새마을금고의 4.9%와 상호저축은행의 6%
이율 중에 어느 것이 더 좋은지요?
새마을금고는 1.5%만 과세하고 저축은행은 세금우대라 해도 세금
10.5%를 내는 것으로 알고 있는데 이자는 상호저축은행이 높지만 세
금 때문에 어느 것이 좋은지 잘 모르겠습니다.
제2금융권에 대한 부담감 같은 것은 없습니다.

예를 들어 1,000만 원을 입금 했을 때, 세금을 제외하고 1년간 받
을 수 있는 이자는 다음과 같다.

상호저축은행

$(10,000,000 \times 6\%) \times (1 - 0.105) = $ **537,000**

새마을금고

$(10,000,000 \times 4.9\%) \times (1 - 0.015) = $ **482,650**

부자의 삶 속에는
많은 조건들이 포함되어 있다.
그 중에서 빼놓을 수 없는 것이
돈을 모으는 일일 것이다.

장마는 왜 이렇게 길까?

대개 사람들은 취업을 하면 돈을 본격적으로 모아야겠다는 생각을 한다. 돈을 모으는 데 있어 가장 좋은 방법은 단연 적금이다. 적금은 누구나 어렸을 때부터 한두 개는 지금까지 계속해서 불입하고 있을 것이다.

어려서는 '장학적금'이라고 해서 어머니들이 불입했고 지금은 각종 적금에다가 집을 마련하기 위한 '장기주택마련저축' '청약저축'

'청약부금' 등을 불입할 것이다. 이렇게 적금은 사람들이 부자되기 위한 조건으로 하나씩은 가지고 있다.

나는 적금의 중요성을 고등학교 때 알게 되었다. 당시 내가 다니던 학교는 선택과목으로 상업을 배웠다. 상업선생님은 학생들에게 이런 말을 자주 했다.

"적금 들어라. 적금 들지 않으면 나중에 패가망신 한다."

하루종일 학교에 있는 학생들을 위해 선생님은 직접 돈과 통장을 받아 은행을 찾기도 했다.

최근에는 저금리로 인해 비과세 종목이 인기가 많다. 그 중 단연 인기상품은 다른 적금상품에 비해 세금이 없고 소득공제의 혜택이 있는 '장기주택마련저축' 이다.

장기주택마련저축은 이름이 길어 흔히들 '장마' 라고 한다. 그래서 '장마가 뭐에요?' 라는 질문도 많이 받았다.

하지만 이 '장마' 는 비과세의 조건이 있는데 7년에서 10년이라는 기간을 불입해야 한다. 시간이 아무리 빨리 지나간다고 하지만 기다리는 시간만큼 더딘 시간이 없다고 7년에서 10년이라는 기간은 굉장히 긴 시간이다.

전에 어머니가 내 이름으로 불입했던 10년 만기 적금이 얼마 전 만기가 되었다. 가입할 당시 같이 갔던 기억은 생생한데 정확히 언제쯤인지는 긴가민가하다. 만기된 적금은 비과세 혜택이 있어 세금은 없지만 10년이라는 시간동안 불입한 액수와 물가상승률을 비교해 본다면 그렇게 많은 액수는 아니다.

차라리 1년 만기인 적금을 10년간 불입하는 것이 더 좋을 듯 하다. 적금이라는 것이 이자 수익을 위해 가입하기 보다는 돈을 모으기 위해 가입하는 경우가 더 많기 때문에 1년마다 만기된 금액을 찾아 다시금 새로운 적금으로 갈아타는 것도 현명한 방법이다.

나는 1년 만기 적금을 세금우대로 가입했다. 앞으로 몇 개월 후에는 만기가 되어 새로운 적금에 가입할 것이다. 만기된 적금을 찾으러 가는 기분은 경험해본 사람은 누구나 알 것이다.

이런 말도 있지 않을까?

'만기 적금 한 번 타보지 못한 사람과는 결혼 하지 마라.'

최근 인기 있는 것들 중 하나가 적금과 성격이 비슷한 '적립식 펀드' 이다. 매달 불입하는 것은 적금과 비슷한데 불입한 돈을 주식이나 채권에 투자해 기대수익을 높이는 것이다. 저금리 시대에 기대수익률이 크다는 것은 사람들의 인기를 끌기에 충분했고 그 인기는 가히 폭발적이다.

사실 적립식 펀드는 외국에서는 대중적인 상품인데 우리나라는 최근에야 대중적인 인기를 모으고 있다. 적립식 펀드는 적금과 같

은 확정금리 상품이 아니기 때문에 가입하는 사람의 전략이 필요하다. 먼저 기대수익이 큰 만큼 리스크도 크다는 것을 절대 잊으면 안된다.

리스크가 크다는 말은 원금보장이 안될 수도 있다는 뜻이다. 적립식 펀드의 광고물을 보면 이러한 말이 명시되어 있다. 구석에 아주 조그만 글씨로 말이다.

주식은 오름과 내림을 반복하기 때문에 대세상승일 때 가입하는 것이 제일 좋은 방법이다. 하지만 대세상승을 점치기는 힘들고 언제 대세상승일지 모르기 때문에 좀 더 세밀한 전략이 필요하다. 적립식 펀드는 불입한 날 종가로 다음날 주식을 매입하기 때문에 주가가 폭락을 기록한 날에 불입하는 것이 유리하다. 그만큼 낮은 가격으로 매입할 수 있기 때문이다.

불입기간은 1년보다는 3년이 유리하다. 내가 불입한 기간이 상승일지, 하락일지 모르니 상승일 때는 1년만 해도 수익이 많이 나겠지만 하락일 때는 하락을 상쇄시킬만한 시간이 필요하기 때문에 3년의 기간이 유리한 것이다.

적금과 적립식 펀드 두 가지를 두고 무엇을 가입하는 것이 유리한지 묻는 질문이 많다.

ID : 미운님

사회에 입문한 지도 1년 반이 되어 가는데….

아직도 경제적 감각이 부족합니다.

그래서 적금을 많이 넣어야 하는데 수입과 적금을 맞추지 못해서

통장에 돈이 많이 남더라구요. 그래서 많이 쓰게 되고….

현재 월급이 평균 230만 원정도구요.

생활비는 거의 안씁니당. 먹여주고 재워주고… 좋은 직장입니다 ㅋㅋ

그 돈으로 한 달에 연금보험 20만 원, 장기저축 15만 원,

상호저축은행 2년짜리 50만 원이구 3년짜리 30만 원입니다.

그래서 건강보험하고 암보험을 하나 더 들 생각이구요.

약간 쓸 돈을 남기고 월 70만 원 정도를 저축할까 생각중입니다.

한 2년에서 3년 정도 생각하구요. 그냥 일반 적금이 좋을까요?

적립식 펀드가 좋을까요?

고수님들의 추천 부탁드립니당.

각각 장단점이 있기 때문에 두 가지 모두를 하는 것이 가장 현명한 선택일 것이다. 분산투자를 하는 것이다. 투자에 있어서 분산투자만큼 좋은 방법도 없을 것이다. 기대수익율은 높지만 리스크가 큰 것을, 기대수익율은 낮지만 리스크가 낮은 것이 상쇄시켜 주기 때문이다.

따라서 목돈을 위한 적금도 분산해서 투자해야 좋은 결과로 나타날 것이다. 분산의 효과는 일상생활에서도 유리하다. 나는 어려서

부터 돈을 항상 주머니와 지갑에 나눠서 가지고 다닌다. 모든 돈을 지갑에 넣고 다니다가 지갑을 잃어버리면 돈을 모두 잃어버리기 때문이다. 하지만 지갑과 바지 주머니, 혹은 상의 주머니에 분산해서 돈을 넣고 다니면 큰 손실을 피할 수 있다.

나는 적금과 적립식 펀드의 비율을 7:3으로 잡고 있다. 지금 한창 목돈을 모아야 할 나이기 때문에 기대수익율 보다는 확실한 수익율이 유리하다는 판단에서다. 여유돈이 계속해서 증가하면 적립식 펀드의 비율은 계속해서 늘릴 것이다.

적금과 적립식 펀드의 비율은 정답이 없다. 자신에게 유리하고 만족할만한 비율을 찾아내는 것이 정답일 것이다.

지금까지 힘들 때도 많았다.
그 대신 세상을 행복하게 사는 방법을 조금 얻었다.
계속해서 행복하게 사는 방법을 배워 나갈 것이다.

CMA 찾아 삼만리

우리나라 사람들이 누구나 하나씩은 가지고 있을법한 통장은 '자유저축예금' 통장일 것이다. 입·출금이 자유롭고 집 앞 혹은 회사에서 가까운 은행을 통해 거래를 하기 때문에 누구나 하나씩은 가지고 있다.

나도 자유저축예금 통장을 가지고 있는데 언제부턴가 3개월 마다 한 번씩 지급되던 이자가 붙지 않았다. 이유는 금리가 너무 낮아서

예금 잔액이 최소 60만 원 이상은 되어야 이자를 지급한다는 것이다. 만일 예금 잔액이 60만 원이 넘어 이자를 지급 받더라도 0.5%의 아주 작은 혜택밖에 없다. 은행마다 조금씩 차이는 있지만 심지어 어떤 은행의 자유저축예금은 잔액이 일정금액 밑으로 떨어지게 되면 수수료를 부과하는 은행까지 생겼다. 쉽게 말해 보관료를 받는다는 것이다.

상황이 이렇게 되자 최근 MMF라는 초단기 예금상품이 인기를 끌고 있다. MMF는 자유저축예금과 만찬가지로 입·출금이 자유롭지만 3%가 넘는 이율로 인기를 끌고 있다. 나는 자유저축예금 통장에 이자가 지급되지 않아 바로 MMF 계좌를 만들었다.

MMF는 특별한 것이 아니다. 겉모습만 보면 일반 은행통장과 차이점을 찾을 수 없다. 대신 이자는 많다. 나는 기대에 가득 차 계좌를 만들었다. 집에 와서 어머니와 동생에게 설명하고 다음날 모두 각자의 MMF 계좌를 만들어 자유저축예금 통장에 있던 돈 90%를 입금했다.

지금 이렇게 인기를 끌고 있는 MMF는 최근에 생긴 상품이 아니다. 1990년대 초반에 생겼지만 저금리로 최근에야 각광을 받고 있는 것이다. 은행에서도 MMF 상품을 판매하지만 은행에서 판매하는 상품은 일정 금액 이상을 입금해야 하기 때문에 어느 정도 자금 여유가 있어야 한다. 반면 증권회사에서 판매하는 MMF는 금액의 제한이 없기 때문에 누구나 쉽게 이용할 수 있다. 금액에 제한도 없고 이율은 자유저축보다 6배 이상이기에 여유돈을 가지고 있는 사람이라면 MMF를 활용하는 것이 좋다.

물론 장점만 있는 것은 아니다. 예금자보호법 적용을 받지 못해 원금 손실의 위험이 있다. 그러나 국채에 투자하는 성격상 원금 손실의 위험이 발생하기 힘들다는 것이 증권회사의 설명이다. 하지만 이론상 원금 손실이 힘들다는 것이지 한치 앞도 내다 볼 수 없는 요즘 예금자보호법의 적용 대상이 되지 않는다는 것은 왠지 찜찜하다.

그래서 예금자보호법에 적용되지 않는 단점을 보완한 상품이 출시되어 인기를 끌고 있다. 바로 CMA 상품이다. CMA는 종금사에서 운용하며 자유롭게 입·출금 할 수 있고 이자도 MMF와 비슷한 3% 이상을 지급한다. 또한 예금자보호법의 보호까지 받을 수 있다. 특히 각종 공과금과 계좌이체 또한 자유로워 자유저축예금의 편리함까지 갖추고 있다.

CMA도 장점만 있는 것이 아니다. 단점도 있다. 종금사 운용 상품이기에 종금사를 찾아가 계좌를 개설해야 한다. 현재 은행보다 종금사 수가 많지 않아 조금 불편하다. 해서 종금사에서는 이런 점을 보완하기 위해 시중은행과 연계, 시중은행에서 수수료 없이 입·출금을 자유롭게 할 수 있게 길을 열어 놓았다. 단, CMA 계좌 개설은 꼭 종금사를 방문해야 한다.

MMF 계좌에서 CMA 계좌로 옮기려고 생각하던 그때, 마침 뉴스에서는 MMF의 인기에 대해 보도를 계속했다. MMF에 몰린 자금이 80조 원을 넘었다는 것이다.

나는 MMF 계좌에서 CMA 계좌로 전액을 옮겼다. 계좌 개설은 저녁에도 가능해 계좌를 먼저 개설하고 다음날 입금을 했다. 우리 세 식구는 모두 MMF 계좌에서 CMA 계좌로 옮겼다. CMA 계좌는 공과금 납부가 가능하고, 계좌이체도 자유롭고, 일반은행에서의 입·출금도 수수료 없이 가능해 이제는 나에게 은행 자유저축예금 통장은 뒷전이 되었다.

흔히 사람들은 MMF와 CMA는 자금을 단기운용 할 때 이용하면 좋은 것으로 생각한다. 단기운용 하면서 더 좋은 상품이 나오면 그 때 기회를 노리려 하는 것이다. 하지만 MMF나 CMA는 단기운용이 아닌 자유저축통장의 대체상품이라 보면 무리가 없다.

아직도 자유저축예금을 고집하고 있는 사람들이 많다.

CMA는 자유저축예금과 똑같은 성격과 혜택을 가지고 있고 거기다 최고 8배까지 이율이 높다. 계좌를 개설할 때 종금사를 찾는 것이 번거롭긴 하지만 다리품을 팔아서라도 계좌를 개설한다면 분명히 만족할 것이다.

□ 자유저축예금 – 은행에서 다루며 예금액을 다른 곳에 대출해
　주어 그 이자를 지급한다.

□ MMF – 투신사에서 다루며 예금액을 국 · 공채(채권)에 투자해
　생긴 수익을 이자로 지급한다.

□ CMA – 종금사에서 다루며 예금액을 어음에 투자해 생긴 수
　익을 이자로 지급한다.

변화되는 코드

나는 처음 비행기를 타면서 무거운 쇳덩어리가 하늘로 솟아오르는 것이 너무 신기했다. 한마디로 과학의 능력에 놀라움을 금치 못했다. 그리고 지금은 영화 '터미네이터' 처럼 로봇이 진화해 사고할 수 있는 능력을 갖게 되어 인간을 지배할 수도 있다는 생각을 한다.

이렇게 과학이 상상을 초월할만큼 발전을 하듯 금융상품도 일반 사람들이 상상하기 힘들만큼 과학적인 발전을 하고 있다. 바로 파생상품의 등장과 변화이다. 대표적으로 선물, 옵션, 펀드가 있다. 선물, 옵션은 주식을 거래할 때 하락의 위험을 피하고자 펀드는 자금을 보다 효율적으로 관리하기 위해 만든 상품이다.

주식의 선물, 옵션은 돈을 벌기 위해 만든 목적이 아닌 하락 위험을 대비해 만든 것인데 우리나라 사람들은 대박의 꿈을 갖고 선물, 옵션 투자에 뛰어들어 손해를 많이 보고 있다. 선물, 옵션의 본질을 잊은 결과다.

펀드는 각 금융기관에서 저금리에 따른 틈새상품의 일환으로 계속해서 만들어 내고 있다. 펀드를 정확히 이해하기 위해서는 펀드에 대해 알아야 한다.

먼저 펀드를 쉬운 우리말로 바꾼다면 기금이다. 국민주택기금, 농어촌발전기금 등에 사용되는 기금이 바로 그것이다.

주식과 채권에 전문적인 지식이 없어 투자하기 힘든 사람을 위해 돈을 모아 전문가가 운용하여 나온 수익금을 투자자에게 분배하는 것으로 간접투자로 보면 된다. 또한 금융권에서 어떻게 해서든지 돈을 벌어 보려고 머리를 짜내 만들어 놓은 상품이기도 하다.

2004년 한 해는 펀드를 만들어내면 만들어내는 족족 잘 팔렸다. 전혀 관심이 없던 사람까지 펀드에 가입하려고 금융기관에서 기웃거리고 있으니 펀드의 인기는 실로 대단했다. 이에 자금력이 좋지 않은 회사까지 펀드를 만들고 높은 수익율로 사람들을 유혹해 시간이 지나면 피해자가 늘어날 가능성이 높아 주의가 요망된다.

앞에서 이야기한 적립식 펀드와 마찬가지로 펀드 투자에도 전략이 필요하다.

첫째, 분산투자가 필요하다. 한 개의 펀드에 집중적으로 투자하지 말고 안정적인 채권형 펀드와 기대수익율이 높은 주식형 펀드에 골고루 분산시켜야 만족할만한 결과가 나타날 것이다.

둘째, 나름대로의 판단이 중요하다. 가입할 때 판매회사 직원의 말은 어디까지나 참고용이다. 직원은 좋은 말만 할 것이다. 가입하지 말라고 하는 직원이 몇 명이나 되겠는가? 요즘은 금융권 직원도 자신이 팔아야 할 일정량의 할당이 있다.

판매할 당시 회사에서 제시한 목표수익율은 어디까지나 목표일 뿐이다. 목표수익율을 달성하려면 정말 까다로운 조건들을 모두 만족시켜야만 가능하다. 예를 들어 주식형 같은 경우에는 나름대로 판단했을 때 하락이 예상되면 가입을 보류하고 상승이 예상되면 가입을 하면 되는 것이다.

셋째, 1호 펀드가 유리하다. 펀드는 처음 판매규모를 정하고 판매하기 때문에 일정규모에 도달하면 마감하고 다음 펀드를 다시 만든다. 따라서 펀드에는 뒤에 숫자가 붙는데 '~1호 펀드', '~2호 펀드' 등이 그 예이다.

예를 들어 영화가 인기가 많아야 2탄이 생기듯 펀드도 1호 펀드가 잘돼야 2호 펀드도 사람들에게 인기를 끌 수 있어 1호 펀드는 회사

이름과 사활을 걸고 목표한 수익율에 근접하려 힘을 쓴다. 만일 1호 펀드가 인기가 있어 2호 펀드를 가입하면 뒷북일 가능성이 크다.

넷째, 펀드도 세금혜택이 있다. 펀드는 뭔가 특별할 것이라고 생각하는데 그렇지 않다. 은행의 예금, 적금과 다를 것이 없다. 펀드도 세금우대 혜택이 있는 상품이 있고 비과세의 혜택까지 있는 상품도 많이 있다. 세금혜택도 꼼꼼히 살펴봐야 한다.

다섯째, 중도해지는 꿈도 꾸지 말아야 한다. 만약에 급한 일이 생겨 중도에 해지하게 되면 중도해지 수수료가 붙고 만일 수익이 나면 철저하게 세금을 과세해서 (중도해지는 세금혜택이 전혀 적용되지 않는다) 원금확보도 안되는 경우가 많다.

시간이 지나면 지날수록 금융 파생상품들은 과학기술처럼 계속 발전해 나갈 것이다. 그 중에서 펀드는 예금, 적금을 능가하는 수준까지 갈 것이다. 저축의 마인드가 투자의 마인드로 바뀐 선진국들을 보면 알 수 있다.

미국은 전체 금융상품 중에서 펀드가 차지하는 비율이 60% 정도다. 반면 우리나라는 0.9% 정도로 아직 미미한 실정이다. 저축의 마인드가 투자의 마인드보다 아직까지는 보통 사람들의 일반적인 생각이기에 원금보장 상품과 안정적인 채권투자 비중이 높은 편이다. 하지만 펀드는 투자이기 때문에 점차 주식형의 비율이 늘어날

것이다.

'군인을 위한 펀드' '아이들을 위한 펀드' '노인들을 위한 펀드' '20대를 위한 펀드' '30대를 위한 펀드' 등. 지금도 각 금융회사에서는 새로운 펀드를 만들기 위해 분주하고 사람들은 어떤 펀드가 이익을 가져다줄지 고민하고 있다.

펀드의 홍수 속에서 살아남기 위해서는 정말 많은 이익을 가져다줄 상품을 고르는 안목과 투자 철학, 자신만의 판단이 가장 중요한 역할을 할 것이다.

세월은 자기 나이의 숫자만큼 지나간다.
10살 때는 10킬로미터의 속도로 시간이 흐르고
30살이 되면 30킬로미터의 시간으로 흐르는 것이다.

if Part I

사람이 살면서 내일 일을 알 수 있다면 얼마나 좋을까?

'돌다리도 두드려 보고 건너라'는 말에는 매사에 신중하라는 뜻
이 담겨져 있지만 돌려 생각하면 돌다리가 무너질지도 모르기 때문
에 두드려 보라는 것은 아닐까? 튼튼한 돌다리가 무너질리 없겠지
만 바로 코 앞의 일도 알 수 없는 게 사람 사는 인생인지라 조심하
라는 것이다.

인생은 럭비공이다. 어디로 튈지 모르는 것이다. 막상 공이 던져지고 나면 '~했었더라면 더 좋았을 걸'이라는 후회와 아쉬움, 그리고 많은 가정들이 남는다. 그래서 'Life'라는 인생에는 'if'라는 단어가 들어있나 보다.

하지만 인생 속에 파묻힌 'if'는 본인이 의도한대로 항상 좋은 결과만을 가져오진 않는다. 그렇다면 실패한 인생은 없을테니까. 얼마전 영화 '나비효과'는 '그때 ~했더라면', 이것을 생각에 그치지 않고 과거 그 시간 속으로 돌아가 행동으로 표현하는 내용이었다.

지금의 잘못된 일을 과거 어느 시점의 사건만 바꾼다면 분명 좋은 결과를 낳을 것이라고 생각했지만 결과는 그렇지 않았다. 자신이 의도한 것과는 너무 다른 결과를 낳았다. 하지만 우리는 아직도 '그때 ~했었다면 좋았을 텐데'라는 후회와 아쉬움을 쉽게 떨쳐 버릴 수 없다.

과거에 대한 'if'는 결국 'if'일 뿐이다. 앞으로의 'if'에 기대를 걸고 최소한의 후회를 하는 것이 우리가 해야 할 일이다.

가장 많이 후회를 하는 것이 과연 무엇일까?

한 번 쏟은 물이야 다시 길어오면 될 것이고 잃어버린 돈이야 다시 벌면 된다지만 갑작스런 사고나 질병으로 빼앗겨 버린 사람의 목숨은 인간의 힘으론 도저히 어찌 할 수 없다.

나는 어렸을 때 사람들은 모두 100살까지만 사는 것으로 알고 있었다. 그래서 100살에서 그때 내 나이를 빼고는 90년 밖에 살지 못한다고 며칠 동안 의기소침했던 적도 있었다.

단 한 사람의 사고는 한 가족의 평화와 아이들의 미래까지 빼앗아 갈 수 있다. 남은 가족들을 그나마 경제적으로 힘들지 않게 하고자 사람들이 흔히 사용하는 방법이 보험에 드는 것이다. '내가 죽을 때 죽더라도 가족들한테 피해는 주지 말아야지' 하는 마음에 월급의 얼마를 조금씩이라도 보험에 들어 놓는다.

그렇지만 급하게 돈이 필요하면 가장 먼저 보험을 해약한다. 대개의 보험가입이 위험에 대비하는 목적보다는 친척 또는 친구의 부탁으로 이루어지기 때문이다. 하지만 보험이라는 것이 어쩌다 생길 수 있는 경우의 수를 대비한 것이기 때문에 만기가 될 때까지 그 경우의 수가 생기지 않으면 다행이지만 그렇지 못할 경우가 분명히 있을 수 있다. 그런 경우 원금을 다 되돌려 받지도 못하고 손해를 감수하면서까지 해약을 한다면 이중의 손해를 봐야 하는 것이다.

이제 막 직장을 들어간 친구들 중 보험에 가입한 친구는 별로 없다. 이유는 아직 젊으니까. 나중에 '좀 여유가 되면, 나이가 들면 들어야지' 라고 한다. 하지만 이러한 생각은 잘못된 생각이다. 보험에 들고 싶을 때 아무 때나 들 수 있는 시대는 지났다.

우리나라도 노령화 사회가 급격히 오면서 보험회사들도 변하고 있다. 지금 보험회사에서는 보험에 가입하고 싶다고 모든 사람을

무조건 보험에 가입시키지는 않는다. 만일 40대에 생명보험에 가입하려면 '건강검진'을 받고 이상이 없어야만 가입을 받아 준다. 또한 50대에 생명보험에 가입하려면 '특별검진'이라고 해서 건강검진보다 더 세밀한 검사를 받아야 한다.

결론은 20~30대에 가입해야 한다는 것이다. 20~30대에 가입하면 40~50대에 가입하는 것보다 보장도 높아지고 혜택도 많다. 그런데 20~30대는 멀리 내다보기보다 가까운 앞 날만 보인다. 당장은 아프지 않고 앞으로 몇 년간은 아프거나 다치지 않을테니 보험은 선택이라는 생각에 뒷전인 경우가 많다. 거기다 젊은 사람들은 '보험=적금'이라는 개념이 지배적이다.

어떻게 적금과 보험이 같을 수가 있는가? 보험도 가입하고 돈도 모을 생각에 저축성이 강한 보험에 가입할 바에는 차라리 정기적금 하나를 더 가입하는 것이 낫다.

아버지는 세상을 떠나기 전, 보험을 하나 가입하셨다. 아버지가 세상을 떠나신 뒤 우리는 보험금을 받았다. 비록 액수는 크지 않았지만 남아있는 우리 세 식구에게는 큰 도움이 되었다.

반면 주위에서 보험에 가입하지 않았다 후회하는 모습을 많이 보았다.

내가 살던 동네에는 유난히 보험업을 하는 아주머니들이 많았다.

그래서 많은 사람들이 보험을 하나씩은 가입했는데 유난히 한 아주머니는 절대 가입을 하지 않았다. 가입하라고 해도 듣지 않았다. 몇 개월 후에 남편이 암에 걸렸다는 진단을 받았고 진단 후에는 가입을 할 수 없었다. 결국 남편은 세상을 떠났고 그 아주머니는 보험에 가입하지 않은 것을 많이 후회했다.

이는 생명보험에만 국한되지 않는다.

내가 살던 옆집에 자동차가 생겼다. 보아하니 새 차는 아닌 듯 했다. 아는 사람이 싸게 내놓은 중고차를 구입한 것이다. 그 분은 자동차 보험을 가입할 때 '자차' 항목을 제외시켰다. 새 차를 사기 전에 연습 삼아 타는 것인데 차가 조금 망가져도 괜찮다는 생각에서였다.

어느 날 일을 보고 나오는데 방금까지 세워두었던 차가 없어졌다. 도난 당한 것이다. 서둘러 경찰서와 보험회사에 신고 했다. 그러나 차를 찾았다는 연락은 끝내 오지 않았다. 결국 보험회사에 찾아가 보험금으로 해결하기로 했다. 그러나 왠일인가? 보험회사에서는 보상금을 지급할 수 없다는 것이다. 이유는 '자차' 항목을 제외시켰기 때문에 도난당한 차에 대해서 책임이 없다는 것이다. K씨는 하소연 할 곳이 없음을 알게 되었다. 아무리 중고차라 해도 후회는 이만저만이 아니었다.

반면 L씨는 자동차를 새로 사고 레저용으로 쓰기 위해 대부분의 시간을 아파트 주차장에 세워놓았다. 그런데 어느날 차가 없어진 것이다. 신고도 해보았지만 결국 찾지 못해 보험회사에 찾아가 보험금을 받게 되었다. 그런데 보험금이 생각했던 것보다 많이 나와 더 좋은 차를 구입하게 되었다. L씨는 보험 옵션으로 '자차'를 가입했기에 가능했다.

손가락 끝이 조금이라도 상처가 나면 온 신경이 손가락 끝에 가있어 일을 제대로 하지 못한다. 하물며 몸에 병이 생긴다면 하고 싶은 것이 아무리 많아도 할 수 없을 것이다. 몸을 아무리 챙겨도 만일의 사태에 대해서 준비할 필요가 있다.

현재에만 급급해 미래에 대한 투자를 게을리 한다면 분명 나중에 후회하게 될 것이다. 만일의 경우를 항상 생각하고 산다면 인생은 더욱 값진 것이 될 것이다.

또한 고령화로 인해 사람이 오래 살면 살수록 가장 많이 늘어나는 것은 노년기임을 잊지 말아야 한다.

인생은 60부터! 준비는 빠를수록 좋다.

떼굴떼굴 1억 원 굴리기

우리 돈 1억 원
≒ 미국 돈 100,000달러
≒ 일본 돈 10,000,000엔
≒ 중국 돈 762,000위안
≒ 유럽 돈 71,600유로

우리 돈 1억 원으로 할 수 있는 것
지방에 있는 작은 집 하나

'해야 된다'를 '하지 않아도 된다'로 생각을 바꾸면
내가 세상의 주인이 된다.
회사나 거리에서 작은 것들에 고통스러워 할 필요가 없으며,
누군가에게 얽매여 타인과의 관계에 우울해 할 필요도 없다.
돈, 물건, 시간에 해방되어 드러나지 않는 즐거움을 찾아야 한다.
나를 나라고 생각하면 성공은 자연스럽게 나를 따른다.

내가 누군지 알아?

어딜 가나 유력인사를 들먹이는 사람이 꼭 있다.

"내 친구가 판사야." "친한 형이 청와대에 있어."

주위에 능력 있고 권력 있는 사람을 아는 것만으로 그에 상응하는
권력을 행사하려고 할 때도 있다. 사람이 살면서 소위 인맥을 무시
할 수는 없을 것이다. 솔직히 '빽'이 통하지 않는 곳은 그리 많지
않다. 심지어 사람 목숨이 오고가는 병원에서도 '빽' 없인 외래진료

한번 받기 힘든 세상이다. 그래서인지 어느 모임에 가더라도 명함을 나누고 공통의 화제를 찾아 인맥 넓히기에 여념이 없다.

학창시절엔 그냥 가까이에 살고 얼굴만 알아도 친구가 될 수 있었다. 하지만 나이가 들면서 그것만으로 친구를 삼을 순 없었다.

아버지가 안 계신지 15년. 지금도 아버지의 회사 동료나 친구, 후배, 군대 친구들까지 안부를 물어온다. 그래서인지 어머니는 나에게 "친구들 많이 사귀어라" "좋은 친구들만 사귀어라" 늘 말씀하신다.

초등학교 때부터 친구들이 집에 오면 어머니는 우리가 편하게 놀 수 있도록 잘 해주셨다. 시간이 흘러 내가 대학생이 되어서도 어머니는 변함이 없었다. 친구들이 하룻밤이라도 자게 되면 다음날 아침 서둘러 일어나 따뜻한 아침밥을 푸짐하게 차려 주시는 것을 절대 잊지 않으셨다. 어머니 덕에 나는 친구들과 더욱 친하게 지낼 수 있었고 한 번이라도 집에 다녀간 친구들은 항상 어머니의 안부를 먼저 물어보곤 한다.

내가 군대 입대를 코앞에 두고 있을 때도 어머니는 "아버지는 군대 친구들과도 계속해서 만났다. 지금까지도 안부전화가 오는 것 봐라. 너도 군대 가서 친구 많이 만들라고 하셨다."

나는 운이 좋게도 훈련소에서부터 좋은 친구를 만났다. 그 친구는 같은 내무반에서 훈련을 받지도 않았고 부대 배치를 다른 곳으로 받아 달리 접촉할 기회도 없었다. 한 동네에 살기는 했지만 휴가 한 번 같은 날에 맞춰 나와 본적도 없었다. 하지만 누가 시킨 것도 아

닌데 휴가를 나와서는 서로의 집에 전화를 걸어 안부를 물었다. 우리는 같은 날 제대했고 6년이 지난 지금도 속이야기를 털어놓는 친구로 지내고 있다.

나는 부대 배치를 받고서 동기들과 선임병, 후임병, 장교까지 친하게 지내려고 노력했다. 제대한 지 5년이 지났지만 아직도 군대에서 같이 지냈던 많은 사람들과 만나고 있고 당시의 장교들과도 왕래를 하고 있다.

사람이 살아가면서 인맥이 중요하다는 것은 익히 들어 알고 있었지만 내가 직접 그 말을 실감한 것은 대학교 1학년 때 아르바이트를 하면서다. 시급이 많은 아르바이트를 구하기란 하늘에 있는 별을 따는 것만큼 어려웠다. 또 막상 시급이 높은 아르바이트를 구해도 계속해서 일을 하기 위해서는 아르바이트 관리자와 친해져야만 가능했다.

아르바이트 자리 하나도 아는 사람이 있으면 쉽게 들어 갈 수 있고, 물건 하나를 사더라도 아는 사람이 있으면 싸게 살 수 있다. 아는 사람이 많으면 많을수록 내가 살아가는 데 직접적이든 간접적이든 도움이 많이 되는 것이다.

그 이후 목표를 하나 세웠다. 다름 아닌 내 결혼식 하객으로 1,000명을 초청하는 것이다. 내가 결혼할 때 1,000명이 올지, 안

올지 아직 아무도 모른다. 하지만 분명한 것은 내가 결혼할 때 1,000명이 오게끔 노력을 하고 또 할 것이라는 점이다. 그들은 나에게 무엇보다 든든한 인생의 '적금통장' 이니까.

바다는 부족하지도 넉넉하지도 않은
꼭 그 만큼만 허락하고,
사람 사는 것 역시
늘 좋은 것만도 늘 나쁜 것만도 아니다.

결혼하고 돈 벌래? 돈 벌고 결혼할래?

만일 당신이 지금 결혼을 하지 않았다면 지금이 가장 돈을 많이 벌 수 있는 좋은 기회다. 대부분의 사람들은 취업을 해 돈을 모을만 하면 결혼하고, 또 결혼해 맞벌이로 돈을 모을만 하면 아이가 생겨 결국 돈을 모으지 못한다.

철이 들면서 여자를 만난다는 것이 초등학교 시절 같은 반 여자아이를 좋아하던 것과는 다르다는 것을 알았다. 첫 눈에 반한 그녀에게 어떻게 말을 한번 걸어볼까? 어떻게 그녀의 환심을 사볼까 고민도 하고 그녀가 눈치 채지 못하게 조금씩 그녀의 일상으로 다가가 보기도 한다.

한 사람만을 위한 이벤트를 준비하면서 활짝 웃는 그녀의 모습을 상상하는 것만으로도 배가 불러온다. 무료한 일상에서도 그녀의 전화 한 통화는 '에너자이저'를 방불케 하는 활력소가 된다. 나는 초, 중, 고등학교를 보내며 그 울타리 안에서 크게 벗어나지 않고 많지 않은 이성친구들을 만났었다.

하지만 대학생이 되고 나서 결혼이라는 과제를 염두하지 않고 이성친구를 만날 수만은 없었다. 내 나이 스물 일곱. 솔직히 오래전부터 난 스물 다섯이 되는 해에 장가를 가겠다고 결심했었다. 하지만 스물 다섯에 고무신을 거꾸로 신어 버린 여자친구 덕분에 특별히 결혼을 약속한 사람도 없다.

나는 결혼이라는 안정궤도로 하루 빨리 진입하고 싶다. 사람 사는 게 그리 별다르지 않다고 생각해서일까? 사랑하는 여자를 만나 결혼 하고, 눈에 넣어도 아프지 않을 소중한 자식을 낳고, 그 아이가 자라 학교에 가면서 속도 썩어보는 거지. 그러다 자식 키우는 부모님 속도 알게 되고 철이 들때 쯤이면 자식들 시집장가 보내고 곱던 얼굴 어디가고 흰머리 희끗희끗 해져버린 중년의 아내와 남은 여생을 친구처럼 보내는 게 내가 짜놓은 인생 대본이다.

하지만 몇 년 전, 제작비용도 없었을 뿐더러 이미 캐스팅했던 여

주인공이 고무신을 거꾸로 신어 버리는 바람에 새로운 여주인공을 찾느라 시간을 보내다 아직 그 영화를 개봉도 못하고 있다. 다행히 3년 전 캐스팅한 새로운 여주인공이 내가 쓴 시나리오에 호감을 보이며 영화촬영을 준비하고 있지만 개봉은 1~2년 후 쯤으로 미뤄 두었다.

한국 소비자 보호원에 따르면 1997년 7,539만 원이던 결혼 평균 비용이 2001년에는 8,663만 원으로 증가했고 2004년에는 9,088만 원으로 상승했다고 한다.

주택마련 비용이 매년 상승한다는 측면도 있지만 점차 증가하는 혼수 및 예식비용은 신혼부부뿐 아니라 부모에게도 과도한 경제적 부담으로 작용하고 예비 신혼부부와 양쪽 가족의 불화로 종종 이어지고 있다.

결혼은 일생에 단 한 번뿐인 의미있는 행사이기 때문에 아무리 검소하게 하더라도 남들 하는 만큼, 남들이 보기에 뒤떨어지지 않을 만큼은 해야 한다는 생각이 지배적이다. 그렇기 때문에 결혼과 동시에 생활은 마이너스로 시작하는 것이다.

대출에는 보장성 대출과 소멸성 대출이 있다. 결혼비용(예식장비용, 사진촬영비, 신혼여행 경비)을 대출받아 결혼을 했다면 소멸성 대출이라고 볼 수 있다. 소멸성 대출은 갚아 봐야 나중에 자신의 손에는 한 푼의 돈도 없다.

하지만 집을 구하는 데 대출받았다면 이것은 보장성 대출이라 볼 수 있다. 갚으면 그 돈이 훗날 내 돈이 되는 것이기 때문이다. 소멸성 대출은 최소화 하고 보장성 대출은 부부가 함께 받아낼 수 있는 정도까지 높이는 것도 재테크의 한 방법이다.

결혼식을 검소하게 하고도 충분히 행복하게 살 수 있다. 실제로 최소한의 비용으로 결혼식을 하고 생활의 필요한 부분에 집중적으로 투자해 행복하고 물질적으로 풍요롭게 사는 부부도 많이 보았다.

차라리 혼수비용이나 결혼비용에 들어가는 지출을 최소화하고 5년 뒤에 이사갈 집, 10년 뒤에 이사갈 집을 목표로 미래에 대한 꿈을 키워 가는 게 어떨까?

남자에게는 여자가 있기에
여자에게는 남자가 있기에
장미 향기가 풍기는 지혜로운 여행을
할 수 있을 것이다.

커플 돈 굴리기

나에게는 세 여자가 있다. 물론 그렇다고 내가 카사노바도 문어발 체질은 더욱 아니다. 어머니와 하나뿐인 여동생, 그리고 철부지 여자친구다.

이제 '내 여자친구를 소개합니다'.

벌써 3년 전이다. 처음 만났을 때 그녀는 주식의 'ㅈ'자도 몰랐다. 동갑이긴 하지만 직장 생활을 오래하다 보니 씀씀이도 꽤 컸고 기분파라 친구들과 어디 밥을 먹으러 가서도 먼저 카드를 내미는 그녀에게 용돈기입장을 기대하기는 무리가 아닐까 생각했다. 하지만 3년이 지난 지금 그녀도 많이 변했다.

데이트를 하면 당연히 돈이 든다. 제 아무리 돈이 많아도 일방적으로 데이트 비용을 부담하는 경우는 극히 드물 것이다. 처음 우리는 밥 먹고, 영화 보고 또 어디 놀러가는 등 데이트 비용을 한 사람씩 돌아가면서 부담했다.

그러다 어차피 만나서 쓰는 돈이라면 조금 더 현명해질 필요가 있다고 느꼈다. 그래서 생각한 방법이 만날 때마다 서로 만 원씩 모아 총 2만 원이 넘지 않은 범위에서 데이트를 즐기기로 했다. 2만 원으로 하루 데이트를 하기엔 분위기 좋은 레스토랑이나 전망 좋은 라이브 카페는 조금 부담이다.

자연스레 데이트 초기에 즐겨 찾던 패밀리 레스토랑이나 유명한 음식점 대신 라면, 떡볶이가 주메뉴인 분식집이나 김밥전문점을 찾아다녔다. 나중에 알게 된 사실이지만 둘 다 느끼한 고기보다 소박한 분식 종류의 음식을 더 좋아했다.

차츰 그녀도 이런 데이트에 익숙해져 갔다. 답답한 카페보다는 한강시민공원을 좋아하게 되었고 직접 갈아 만든 원두커피보다 노점에서 파는 따뜻한 콩두유를 더 좋아하게 되었다.

각종 할인카드로 500원도 안되는 조조영화를 즐기다 보면 영화가 더 재미있었고 남들보다 더 긴 하루를 선물 받는 것 같아 기분이

좋았다. 이렇게 지내다 보니 하루 2만 원의 데이트 비용도 자연스레 남게 되었고 그 돈은 차곡차곡 모이기 시작했다. 모인 돈을 한 사람이 관리하다가 액수가 점점 커지자 보다 효과적으로 관리하기 위해 공동명의로 통장을 만들었다.

통장은 내가 직접 관리하고 보통예금통장 잔액 60만 원 미만은 이자를 단 1원도 주지 않아 우리는 주식을 사게 되었다. 주식을 같이 매수 하면서 여자친구도 자연스레 주식에 관심을 보였고 최근에는 리츠나 펀드 등의 간접 투자상품에도 호기심을 가지게 되었다.

얼마 전 신문을 보다가 갑자기 나에게 물었다.

"미성년자가 만 20세에서 19세로 바뀐다는 데 그러면 수혜를 보는 종목이 뭐가 있을까?"

3년 전 그녀에게선 상상하기 힘들었던 질문이다.

우리의 데이트 장소는 조금 특별하다. 주5일제가 확산되면서 주말이면 산과 들로 나들이 가는 커플들이 많아졌다. 하지만 우리는 다르다. 주말이면 여기저기서 직장인을 위한 무료 재테크 세미나가 제법 열린다. 우리는 그곳을 찾는다. 여자친구는 주말 분위기를 내기 위해 이런 세미나를 갈 때면 정성껏 도시락을 준비한다.

전문용어가 나오면 세미나를 듣는 중간중간 궁금한 것을 체크해 쉬는 시간에 서로의 의견을 나누곤 한다. 주중에는 재테크 커뮤니티가 주최하는 번개팅에 참석해서 친목도 다지고 '떼굴떼굴 돈 굴리기' 커뮤니티를 효과적으로 관리하기 위한 정보도 교환한다.

그리고 가끔 모델하우스를 찾아 돌아다니며 달콤한 미래를 꿈꾼다. 모델하우스는 교외에 위치한 웬만한 펜션보다 훨씬 멋지고 아늑해 데이트 코스로도 딱이다. 이렇게 재테크 세미나에 참석하거나 모델하우스를 찾으며 여자친구와 공통적으로 느끼는 것은 내 또래의 사람들을 그곳에선 찾기 힘들다는 것이다.

'연애시절에 놀러 다니지 않으면 언제 하려고?'

'아이고! 비싼 것도 먹으러 다니고 이것저것 사달라고 해.'

서로 다른 두 사람이 동시에 한 곳을 바라본다는 것은 쉽지 않은 일이다. 결혼이 한 벌의 옷이 완성되는 것이라고 한다면 연애는 가봉하는 과정인 것이다. 이 시간을 알차게 보낸 커플은 결혼이라는 옷을 걸쳤을 때 불편하지 않고 편할 것이다. 서로에게 조금씩 맞춰가면서 한 곳을 바라본다면 그 결혼은 성공일 것이다.

당신의 곁에 있는 반쪽은 지금 어디를 보고 있을까?

사람이 밥만 먹으면서 살 수는 없다. 가끔씩 고기도 먹고 라면도 먹어봐야 진정한 밥맛을 알 수 있다. 산으로 들로 떠나는 여행도 좋지만 가끔씩은 재테크 세미나도 가고 아파트 모델하우스를 다니면

서 미래를 미리 계획해 보는 돈 굴리기가 색다른 맛이 아닐까?

스테이크보다 김밥을 좋아하고 랍스타보다 핫도그를 좋아하는 소박한 그녀와 내가 조금씩 닮아가는 지금 이 순간들이 좋다.

주어진 조건이 맞지 않으면
옷에 몸을 맞출 때도 있듯이
조건에 내 몸을 맞추는 것도 필요하다.

3%의 이율로 대출 받자

이모씨(28)는 3년 전 대학을 졸업하고 서울에 있는 회사에 취업해 보증금 3,000만 원, 월 20만 원에 자취를 시작했다. 매달 꼬박꼬박 나가는 월세가 부담스럽게 느껴지는 순간 '차라리 이 돈으로 저축을 한다면 얼마나 좋을까' 라는 생각이 들기 시작했다.

그러던 중 인터넷의 재테크 사이트에 가입, 영세민 자금대출 혜택이 있다는 것을 알게 되었다.

결국 1년 월세 만기가 끝난 2004년 6월, 영세민 자금대출로 1,500만 원을 대출받아 보증금 5,000만 원의 전세 아파트를 구했다. 게다가 영세민 자금대출은 3.0%의 이율이므로 월 3만 7,500원의 이자만 내고 있어 한 달 평균 15만 원을 정기 적금에 넣을 수 있게 되었다.

영세민 자금 대출을 받는 조건은 연 소득이 3,000만 원 이하의 무주택 세대주로 부양가족이 있어야 한다. 서울은 전세 금액이 5,000만 원, 수도권, 광역시는 4,000만 원 이하가 되어야 하며, 실평수 25.7평(분양 평수 32평) 이하의 전세 계약자여야 한다는 조건이 있다.

예전에는 주택금융공사의 신용보증서를 담보로 대출해야 했는데 2004년 7월부터는 신용보증서 없이 대출받을 수 있도록 제도가 보완됐다. 그리고 집 주인이 전세 만료 때 보증금 상환을 직접 은행에 한다는 확약서만 있으면 무보증으로 대출해 준다. 이렇게 5,000만 원 전세로 집을 옮기고 나니 예전 3,000만 원 월세에 살던 것에 비하면 어느 정도 돈이 불려지는 것 같다.

왜 사람들이 융자를 많이 받고서 내집 마련을 하는지 이제는 알 것 같다. 2~3년 뒤에는 융자를 최대한 활용해 20평대 아파트를 구입하고 싶다.

– 「여성중앙」 2004년 10월호 중에서 –

이모씨는 커뮤니티 '떼굴떼굴 돈 굴리기'의 회원이다. 집을 옮기는 데 조금 싼 금리로 대출을 받을 수 없을까 싶어 내 커뮤니티에 가입했다가 「여성중앙」에도 글이 실리게 되었다.

최근 물가 상승률이 5%를 넘었다고 한다. 예금 금리 4%대가 무너진 것을 감안하면 은행에 저금하는 것이 오히려 손해라는 얘기다.

그런데 물가상승률보다도 낮은 3%의 이율로 대출을 받을 수 있다면 그야말로 꿩 먹고 알 먹고, 도랑치고 가재잡고, 일거양득이 아닌가. 특히 새로운 출발을 하려는 신혼부부들에게는 여간 귀가 솔깃해지는 것이 아니다.

영세민 전세자금 대출은 연 3%밖에 되지 않는 대출금리로 보금자리를 마련할 수 있는 최적의 상품이다. 그런데 영세민? 조금은 의아해 할 수도 있다. 영세민이란 수입이 적어서 겨우 살아가는 사람을 말하는 게 아닌가. '난 영세민 아닌데….'

영세민 전세자금 대출을 받을 수 있는 사람은 연소득 3,000만 원 이하여야만 한다. 그렇다면 연소득 3,000만 원 이하가 영세민이라는 게 아닐까? 연봉 3,000만 원이 넘지 않은 나 역시도 영세민이다. 연 3%로 대출을 받을 수 있다면 생활보호 대상자라 한들 무슨 상관이 있을까?

하지만 3% 영세민 전세자금 대출의 조건은 생각보다 까다롭다. 왜냐하면 연소득 3,000만 원 미만의 사람들보다 연소득 3,000만

원 넘는 사람들이 더 많이 알고 있어 이를 이용하고 있기 때문이다. 정작 필요한 사람은 까다로운 자격조건 때문에 대출대상에서 제외되고 만다. 오히려 자격조건이 되지 않으면서도 돈 많고 머리 잘 쓰는 사람들이 싼 금리로 대출을 받아가고 있다.

사실 이 제도는 최근에 생긴 것이 아니다. 오래 전부터 있었다. 나는 이씨의 질문을 접수하고 공인중개소를 찾아 '영세민을 위한 전세자금 대출'에 대해 물었다. 공인중개사무소조차 이 제도를 통해 3%로 대출을 받으려면 조건이 너무 까다롭고 시간이 많이 걸리기 때문에 차라리 다른 대출을 이용하는 것이 낫다고 말한다. 해당 구청 주택과에서 더 자세한 것을 알 수 있겠지만 대략적인 내용은 다음과 같다.

시중 은행의 일반 전세자금 대출의 이자율은 7~9% 정도이다. 대출 자격은 연소득 3,000만 원 이하의 근로자와 서민이다. 여기서 연소득은 상여금을 제외한 것이기 때문에 근로소득원천징수 영수증에 1년 급여 총액이 3,000만 원을 넘더라도 대출이 되는 경우가 많다.

상환기간은 2년이지만 2회까지 연장이 가능하기 때문에 총 6년간 대출 받을 수 있다. 중간에 이사를 가도 대출 연장은 가능하다. 다만 연장할 때 건물등기부 등본과 임대차 계약서를 제출, 집 주인과 임대인이 같은 사람임을 증명하는 절차를 거쳐야 한다. 대출금액은 소득범위 한도에서 6,000만 원까지 가능하며, 이 경우 소득은 대출자격에서 말하는 소득과 달리 부부의 소득을 합산해도 된다. 다만 이 소득에서 신용대출을 얻은 액수만큼은 대출한도에서 제외된다.

이 대출을 받으려면 해당 구청에서 저소득 영세민으로 인정받아야 하고 전세보증금의 규모도 서울 5,000만 원(월세는 10만 원을 1,000만 원으로 환산, 보증금에 합산함), 수도권 4,500만 원, 기타지역 3,000만 원 이내여야 한다. 대출한도는 전세보증금의 70%이기 때문에 서울의 경우 3,500만 원까지 가능하다.

국민주택기금 대출은 현재 국민은행, 우리은행, 농협 이렇게 세 군데서만 취급하고 있으며 해당구청의 승인이 나더라도 은행에서 또 한 번의 심사를 거쳐야 대출을 받을 수 있다. 하지만 연소득 3,000만 원 이하인 사람들을 위한 정부 정책이기 때문에 어떻게 해서든 제시한 조건에 맞추어 대출을 받아야 한다는 게 내 생각이다.

여자들이 다이어트를 할 때 일부러 작은 사이즈의 옷을 사서 벽에 걸어놓고 옷에 몸을 맞추겠다는 각오로 살을 뺀다고 한다. 정부에서 내라는 세금은 꼬박꼬박 잘 내면서 정부의 혜택을 사양할 필요는 없다. 조건이 맞지 않으면 옷에 몸을 맞추듯 조건을 맞추도록 노력해야 하는 것이다. 여기에는 분명 본인이 낸 세금도 포함되어 있다는 것을 잊어서는 안된다.

은행에서 제시하는 영세민 전세자금 대출 조건을 살펴보자.

저소득 영세민 전세자금 대출절차

대출대상

① 지방자치단체장의 추천을 받은 신청일 현재 만 20세 이상 무주택 세대주 또는 세대주로 인정되는 자(세대주의 배우자 포함)로서 단독 세대주는 지자체장이 인정하는 경우에 가능
② 임차보증금이 일정금액 이하이며, 보증금의 10% 이상을 지불하신 분
　임차보증금 : 서울시 5,000만 원, 광역시 및 수도권 과밀 억제권역 4,000만 원, 기타지역 3,000만 원 이내

신청기간

계약서상 입주일과 주민등록 전입일 중 빠른 날짜로부터 3개월 이내

주택규모

임차전용면적 85㎡이하

대출한도

서울시 3,500만 원 이내, 광역시 및 수도권 2,800만 원 이내, 기타지역 2,100만 원 이내(지역별 보증금의 70% 이내)

대출기간

2년(2회 연장, 최장 6년까지 가능)

신청절차

임차주택 소재지(읍, 면, 동사무소에 대출 신청 접수)

일정한 자격기준에 의한 대출 대상자를 시, 군, 구청에서 선정

은행 해당 지점에 서류 제출 및 신청

은행제출서류

① 확정일자부 임대차(전세)계약서

② 주민등록등본(배우자 분리세대는 배우자의 주민등록등본 및 호적등본 추가)

③ 대상주택 등기부 등본(최근 1개월내 발급분)

④ 임차보증금의 10% 이상을 납입한 영수증

⑤ 주택금융신용보증서 발급에 필요한 서류 등

    급여소득자 : 재직증명서(또는 의료보험증), 근로소득원천징수영수증

    자영업자 : 소득금액증명서

담보제공

주택금융 신용보증서 등

대출제한

신용보증기금 신용평가 등급이 7~10등급인 경우 대출 불가

2004년 저소득 영세민 전세자금융자 지침(04.03.18 개정)

1. 융자조건 및 상환

지역별 전세보증금(하남시 4,000만 원)이하의 전세계약을 체결한 자

대출금액 : 전세보증금의 70%이내

재계약일 경우 : 인상분에 대한 대출

이율 : 연 3%

대출기간 : 2년이내 일시상환(자격변동사항 없으면 2회까지 연장가능)

2. 융자대상자 선정

- 임차보증금의 10% 이상을 계약금으로 지불하고 주택임대차계약을 체결한 저
  소득영세민으로서 다음 요건을 모두 구비한 자
- 대출대상주택은 전용면적 60㎡ 이하의 주택을 원칙으로 하되, 시장이 지역여
  건을 고려하여 필요하다고 인정할 경우 85㎡ 이하 주택도 포함

대상주택

- 등기부등본 또는 공부상(건축물관리대장)용도가 주택으로 표시된 건축물
- 대상에서 제외되는 주택
- 직계존비속(배우자의 직계존비속 포함)소유 주택
- 공부상 소유권에 권리침해(경매신청, 가압류, 가처분, 가등기)중인 주택
- 공부상(건축물대장)상 용도가 지하실, 보일러실, 창고로 표시된 경우
- 신청일 현재 하남시 관내 거주하는 만 20세 이상 부양가족이 있는 무주택 세
  대주 또는 세대주로 인정되는 자

세상에 모든 자식은 부모에게 갚을 수 없는 빚을 진다.
받았던 사랑을 조금씩 갚을 뿐이다.
서로에게 빚진 마음을 조금씩 나누고 있다.

삭은 고무줄

'개똥도 약에 쓰려면 없다' '똥 묻은 개가 겨 묻은 개 나무란다'. 똥과 관련한 속담은 어렵지 않게 찾아볼 수 있다.

매일 화장실에 가는 것이 무병장수의 지름길이라고는 하지만 일반적으로 똥은 좋은 의미보다 무언가 하자가 있고 지저분한 것에 사용된다. 이런 말은 들어본 적이 있는가?

'집안을 일으킬 아이는 똥을 금처럼 아끼고 집안을 망칠 아이는

돈을 똥처럼 쓴다'.

　조금은 낯설지 모르나 '명심보감'에 실린 말이다. 정말 똥처럼 돈을 쓸 아이는 없겠지만 돈의 소중함을 알지 못한 채 자란 아이는 한 집안의 미래를 바꾸어 놓을 수 있다는 의미심장한 말이다.

　부모의 경제교육이 얼마나 중요한지 다시 한번 늦춘 고삐를 잡아 당기게 한다.

　'난 자식 그렇게 키우지 않았다.'

　신용불량자가 되버린 아들을 바라보며 채권자들의 추궁 속에 토해낸 변명은 결코 용납될 수 없다. 침체된 경기 속에서도 명품 소비는 그칠줄 모르고 있다. 더욱 심각한 문제는 명품의 주요 소비층이 2, 30대라는 것이다.

　청년실업이 사회 문제화 되고 있는 지금, 직장인 한 달 월급을 호가하는 시계가 불티나게 팔리고 있고 백화점 명품 매장은 젊은이들의 발로 문턱이 닳을 정도다. 자신의 소비에 대한 대가를 치를 능력이 된다면야 문제가 없겠지만 갚을 능력도 없으면서 여기저기 카드만 긁어대다 보면 문제는 더욱 심각해진다.

　인터넷 쇼핑을 즐기는 김모양. 그녀의 인터넷 쇼핑은 거의 중독수준이다. 자취를 하다 보니 물건을 맡길 만한 곳이 없어 매번 회사로 택배가 오다보니 모르는 택배직원이 오면 직원들도 의례히 김양을 찾아주곤 한다. 매번 무얼 그리 많이 구입하는지. 김양의 하루는 인터넷 쇼핑몰에서 시작해서 포탈 검색 공동구매로 끝이 난다. 물론 경제적인 능력을 충분히 가지고 있지만 그녀가 가진 시계만 해도 4개가 넘는다고 했다. 시계야 시간을 보라고 있는 건데 굳이 계절에 맞춰, 장소에 맞춰 바꿔 차야할 필요가 있는지 솔직히 의문이다.

씀씀이는 삭은 고무줄과 같다.

한 번 늘어난 삭은 고무줄은 예전 형태로 절대 돌아갈 수 없다. 씀씀이도 그렇다. 한 번 늘어난 소비성향을 줄이기란 좀처럼 쉽지 않다. 사람이 얼마나 '간사한지' 몇 년을 버스나 지하철을 이용하면서 불평 한마디 없다가도 자가용 산 지 한 달만 지나면 코앞에 있는 할인마트도 차 없이는 못 간다.

스테이크에 익숙해진 입맛을 소시지로 달래기란 어려운 법이다. 유유상종이라고 끼리끼리 어울린다는 데 친구들은 골프 친다고 필드에 나가는데 갑자기 씀씀이 좀 아껴 보겠다고 배드민턴 채를 들고 필드를 나갈 수는 없지 않은가?

사람이란 자기가 활동하는 생활무대가 있고 거기에 맞춰 어느 정도 소비를 해 줄 필요는 있다. 하지만 주위의 시선을 너무 의식해 분에 넘치는 소비로 자신의 생활무대를 넓혀 가다 보면 가랑이는 찢어지게 마련이다.

최근 '다운시프트 족'이 유행이다.

다운시프트(down shift)란 자동차를 저속 기어로 바꾼다는 뜻이다. 다시 말해 고속으로 주행하던 자동차를 저속으로 바꾸듯 수입과 사회적 지위에 연연하지 않고 생활의 패턴을 여유롭게 바꾸어 여가를 즐기며 삶의 질을 향상 시키고자 하는 사람들을 일컫는 말이다.

높은 수입을 핑계로 시간에 쫓겨, 일에 쫓겨 여유 없던 삶을 진정으로 즐기고자 한다면 더 이상 자신이 포기한 수입과 사회적 지위에 연연해하지 말고 한 박자 느린 생활 속에 하루 빨리 익숙해져야 한다.

체면을 생각해서 양주를 마셨다면 이젠 소주를 마셔도 된다. 아니 그래야 한다. 그렇다고 해서 당신에게 궁상맞다고 할 사람은 아무도 없다. 설령 있다 하더라도 그들이 당신의 줄어든 수입을 채워주지는 않는다.

1년간 자신이 쓴 돈을 더해보라. 그 액수는 생각보다 커 깜짝 놀랄 것이다.

주위의 눈이 어떠하듯 시선이 어떠하듯
신경 쓰지 않는다.

사채를 써 볼까?

28세 박모 양. 변변한 수입도 없고 남자친구 한 번 제대로 사겨 본 적이 없다.

제발 시집이나 가라는 집안의 성화도 뜸해지자 오랜만에 맞선이 들어왔다. 상대는 이미 기반이 다져진 한의사.

'오~올. 사모님 소리 듣게 되는 거야?'

마음이 급해진 박모 양. 모레가 맞선인데 옷장을 열고 한참을 뒤

져봐도 마땅히 입고 나갈 옷 한 벌 없는 것 같고 변변한 핸드백 하나 없다.

'에잇! 잘되면 이깟 옷 한 벌이 문제겠어?'

상대를 만나본 것도 아닌데 벌써 박모 양은 한의원의 사모님이 반쯤 돼 있었다. 잔뜩 목에 힘을 주고 백화점을 활보하다 마침 눈에 띄는 옷 한 벌을 발견했다.

"이걸루 주세요."

"손님, 현금으로 하시겠어요? 빚으로 계산하시겠어요?"

옷을 계산하던 직원은 현금과 카드 중 어느 것으로 결제할 것인가를 묻고 있다. 카드를 빚으로 표현했을 뿐이다. 흔히 신용카드는 잘 쓰면 약이고 못 쓰면 독이라고 한다. 내가 봐선 신용카드는 후자에 더 가깝다. 신용카드는 나라에서 공식적으로 인정한 사채다. 연체가 되었을 경우 하루 단위로 이자가 늘어난다. 다만 하루 이틀 연체되었다고 독촉 전화를 하지 않을 뿐이다.

당장 현금이 없어도 카드만 있으면 경제 활동을 할 수 있다. 신용카드를 쓸 때는 공짜가 생긴 것 같아 기분이 참 좋다. 통장을 확인해 봐도 잔고는 그대로다. 그렇지만 카드를 쓰면서 자신의 수입도 고려하지도 않은 채 무턱대고 카드를 긁어대는 사람은 아마 없을 것이다.

하지만 사람 일이라는 게 계획대로만 되지는 않는다. 한 달 후, 결제일 되기 전까지 무슨 일이 어떻게 벌어질지 아무도 장담할 수 없다. 세상만사 마음먹은 대로만 된다면야 한강으로 뛰어드는 사람은 결코 없을 것이다.

몇 년 전 카드회사들이 대학가 앞에서 버젓이 가판대를 벌여놓고 대학생을 상대로 신용카드를 발급해 주었다. 카드 사용료를 지불할 능력의 확인은 고사하고 신용카드를 가입하는 데 아무런 조건도 없었다. 간단한 신상정보만을 기입해 주면 형식적인 확인을 통해 푸짐한 상품도 심지어 현금 3만 원을 주는 카드회사도 있었다. 단돈 만 원이 아쉬운 학생들로서 공짜로 준다는 3만 원을 마다할 이유가 없었다.

신용카드 회사들의 열성적인 마케팅 덕분에 경제는 잠시나마 회복되는 듯했다. 하지만 그리 오래가지 못했다. 시간이 흐르면서 고액의 카드 연체자는 기하급수적으로 늘어났고 40만 명에 가까운 신용불량자들까지 만들어 냈다. 결국 신용카드는 성장의 발목을 잡는 주범이 되고 만 것이다.

사람의 내일 일은 아무도 모른다. 하물며 한 달 뒤의 일을 어떻게 알 수 있겠는가? 신용카드는 장·단점을 고르게 가지고 있다. 신용카드로 물건을 구입하면 연말 소득공제도 되고 포인트도 적립된다.

게다가 신용카드를 잘 사용하면 포인트가 쌓여 신용점수가 올라가 대출시 낮은 이율로 돈을 빌릴 수 있을 뿐 아니라 카드회사 제휴 업체에선 각종 할인 혜택까지 받을 수 있다.

이와 같이 카드라는 것이 분명 장점도 있지만 포인트와 각종 할인 혜택은 미끼일 뿐이다. 장사하는 사람은 절대 밑지는 장사를 하지 않는다. 만일 연체가 되면 당신과 가까운 친척들은 카드회사로부터 하루가 멀다하고 독촉전화를 받을 것이며 인격적인 모욕까지 당하게 될 것이다.

밖으로 난 상처보다 안에서 곪는 상처가 더 위험하고 무섭듯이 보이지 않는 돈의 거래는 통제하기가 쉽지 않다. 최근 신용카드의 대안으로 체크카드가 선보이고 있지만 대안일 뿐 근본적인 문제의 해결 방법은 될 수 없다.

그럼에도 불구하고 나는 현재 다섯 개의 신용카드를 소지하고 있다. 하지만 비싼 연회비를 지불하는 신용카드는 단 한 개도 없다.

처음 신용카드를 만든 것은 군 제대 후이다. 복학전이라 직업도 없었고 그렇다할 벌이도 없었다. 군 입대 전과는 달리 온통 인터넷 세상이 되어 인터넷은 없어서는 안 될 생활필수품이 되어 있었다.

인터넷 전용선을 보급하던 회사 가운데 하나가 가입만 하면 신용 카드 연회비를 면제해 주고 한 달에 한 번씩 햄버거 무료 시식과 머리 커트를 공짜로 해 주겠다는 조건을 내걸었다. 카드를 발급받지 않는 것이 이상할 정도였다.

하지만 '어느 회사에 다니냐'는 질문에 '학생이요'라는 대답은 카드 발급의 장애요인이었다. 할 수 없이 편법이긴 하지만 직장인 이라고 속이고 어머니 회사 주소와 전화번호를 가르쳐 주었다. 혹 시나 어머니 회사에 확인 전화가 갈까봐 사전준비를 철저히 해놨지 만 4년이 지난 지금까지 전화는 오지 않고 있다.

처음 내 이름으로 된 신용카드를 받았다. 마트에서 어머니와 쇼핑 을 하고 일부러 내 카드로 계산을 해보기도 했다. 물론 미리 준비해 간 서명까지 멋들어지게 하면서.

얼마 후, 통장을 새로 발급받기 위해 은행을 찾았다. 은행 직원이 대뜸 한다는 소리가,

"어머, 연회비 비싼 카드 쓰고 계시네요. 왜 연회비를 비싸게 주 고 쓰세요? 저희 은행 카드는 연회비도 없는데. 이번에 새로 나온 좋은 카드가 있어요. 한 번 써 보시겠어요?"

물론 나는 연회비를 면제받고 있었지만 연회비 없는 카드에다 주 거래 은행이라 "그렇게 해 주세요" 오케이 사인을 보냈다. 이렇게 생긴 두 번째 신용카드는 은행과 연계되어 현금카드로도 사용할 수 있어 편리하다. 현재 나는 해당 은행의 우수고객으로 휴일에도 수 수료 없이 입·출금을 하고 있다.

세 번째 카드는 인터넷 광고를 보고 만들게 되었다. 그 카드는 내가 쓰는 인터넷 전용선 이용료를 10%나 할인해 준다. 10%란 작은 돈이 아니다. 당장 인터넷으로 카드를 신청했고 신청서를 작성한 지 1주일 만에 세 번째 카드를 받을 수 있었다.

네 번째 카드는 어느 날 학교에서 수업이 끝나고 점심을 먹는데 은행 전화를 받고 발급받았다. "00은행인데 이번에 우수고객으로 선정되어 연회비 없는 골드카드를 발급해 드리겠습니다."

골드카드라면 한도액도 높고, 또 큰 돈을 사용할 때가 있을지 모르니 미래를 대비해서 만들었다.

서울의 교통사정상 버스보다는 지하철을 즐겨 이용하다 보니 평소 교통카드의 필요성을 느끼지 못했다. 정기권만 있으면 지하세계를 평정할 수 있었다. 나는 정액권을 다 쓰고 100원이 남으면 잘 표시해 두었다가 수원이나 인천 같은 장거리를 갈 때 이용하곤 했다.

하지만 지하철만 탈 수는 없었다. 가끔 버스를 탈 때면 교통카드가 없어 50원을 더 내고 속이 쓰리기를 여러 번, 마침 교통카드 기능이 있는 신용카드를 발급해 주는 곳이 있었다. 게다가 발신자 표시가 되는 전화기까지 선물로 준다는 게 아닌가. 한치 주저함도 없이 약관을 살피고 카드를 신청했다.

이렇게 해서 나는 총 5개의 신용카드를 가지게 되었다. A카드는 인터넷 요금 할인 받을 때만 쓰는 카드이기 때문에 책상 서랍 속에 들어가 있고, B카드와 C카드 역시 영화를 볼 때나 놀이공원 갈 때 할인받는 카드이기 때문에 책상 서랍 속에 고이 모셔 두었다. D카드는 은행 통장과 연계되어 현금카드처럼 쓰기 위해, E카드는 버스 탈 때만 쓰기 위해 항상 지갑 속에 가지고 다닌다.

결제는 은행통장과 연계되어 있는 D카드만 사용했고 시간이 지나면서 우수고객이 되어 은행관련 수수료가 면제되었다. 나머지 카드는 특별한 경우를 제외하곤 항상 책상 서랍 속에 있다. 그래서일까? 가끔씩 카드회사로부터 "혹시 카드 분실하셨나요?"라는 전화를 받곤 한다.

혜택을 받기 위해 만든 카드이기 때문에 다른 목적으로 쓸 이유가 없다. 손해 보지 않은 범위에서 최대한 마음껏 혜택을 누려야 한다.

하지만 최근에는 개인 신용불량이 늘어나 카드사가 부실을 떠안게 되자 손실을 줄이기 위해 각종 혜택을 계속해서 줄여 가고 있다. 다행히 내가 가지고 있는 5장의 카드와 통신회사에서 만들어 준 멤버십 카드는 혜택이 많이 줄지 않아 천하에 이보다 더 유용한 쿠폰은 없는 셈이다.

신용카드는 신용을 담보로 물건을 미리 사고 돈을 빌려주는 것이기 때문에 약속기일(결제날짜)이 정말 중요하다. 이 날짜를 어기게 되면 단 1원이라도 은행연합회와 각종 신용평가 기관에 연체기록이

남게 된다. 2만 원 미만이라고 우습게 보았다간 큰 코 다치기 십상이다. 연체 액수도 중요하지만 연체 횟수가 더 중요하다. 상처는 나을지 모르지만 흉터는 남는다.

카드를 발급 받을 때 약관을 자세히 읽는 사람은 많지 않다. 그 약관에는 카드 발급받는 개인의 보호정책과 발급하는 회사의 정책이 기재되어 있다. 카드회사는 자선단체가 아니다. 자세히 들여다보면 깨알 같은 글씨로 씌여진 약관에 사건과 사고가 발생할 경우 회사가 빠져나갈 구멍은 사방으로 뚫려 있다. 그것도 이해하기 힘든 어려운 말로 애써 모습을 감추고 있을 뿐이다.

내가 아는 부자 한 분은 신용카드가 없다. 무조건 현금으로만 거래를 한다. 전혀 불편한 것을 느끼지 못하고 한다. 그리고 그 분은 오히려 반문을 한다.

"신용카드 없었을 때도 불편 없이 잘 살았는데 조금 편리한 것이 뭐가 그리 좋아? 편리한 만큼 대가를 치를 수도 있다는 것을 알아야지…."

물건을 구매하기 전 "이것이 없으면 내 생활에 큰 문제가 생기는가?"라고 다시 한 번 생각해 본다면 애물단지로 전락해버린 신용카드로 인해 마음 고생하지 않아도 될 것이다.

2005년부터 '신용불량자'라는 단어가 사라졌다. 그 단어가 사라졌다고 해서 방심해서는 안된다. 신용불량자 관리를 금융기관이 개별적으로 해결하도록 해 놓은 것이다. 종전에는 30만 원 이상의 금액을 3개월 이상 연체했을 경우 '신용불량자'가 되었지만 이제는 각 금융기관 자체적으로 기준을 정할 수 있기 때문에 더욱 철저한 관리가 요구되는 것이다.

이제는 자주 이용하는 금융기관의 신용관리 정책에 대해 잘 알고 있어야 하고 그 기준에 미달되지 않도록 해야 한다.

가족은 어머니가 반드시 지켜내야 할 울타리였다.
24시간이 모자랄 정도로 달리고 또 달렸다.
가족을 위해서라면 수많은 짐을 지고 살아가지만
기꺼이 짐을 지고 세상을 향해 가는 어머니.

차는 안 산다

우리 집은 자가용이 없다. 당장 살 생각도 없다. 차를 살 능력이 없어서도 아니고 운전면허증이 없어서도 아니다. 고급 수입차를 살 능력도 되고 우리 세 식구 모두 운전면허증을 가지고 있다. 게다가 나는 군대에서 운전병이었다.

차를 사지 않겠다는 생각을 한 것은 최근 몇 년 전부터이다.

아버지가 돌아가시고 얼마 후까지 우리 집에는 차가 있었다. 어디

다닐 때도 편했고 든든했다. 그런데 언제부턴가 편하기만 하던 자가용이 애물단지로 전락하고 말았다. 한 번 고장 나기 시작하더니 계속해서 여기저기 잔고장이 나는 것이다. 차에 들어가는 작은 부속품은 왜 그렇게 비싼지.

예를 들어 거울이 다 같은 거울이지 길거리에서 파는 거울은 천 원인데 차에 들어가는 거울은 만 원이 넘었다. '자동차 전용' 또는 '카~'라는 단어만 붙으면 일단 물건값이 고공비행이다. 차 소유자라면 누구나 공감할 것이다. 자동차의 고장은 계속되고 거리 위를 달리는 것보다 자동차 정비센터에 세워지는 날이 많아지자 결국 폐차시켜 버렸다. 그 이후부터 우리 집엔 차가 없다.

20대 남자가 제일 가지고 싶은 세 가지가 예쁜 여자친구, 폼 나는 직장, 그리고 자기 소유의 자동차라는 말에 나도 공감한다. 제일 가지고 싶은 세 가지는 아니더라도 내 이름으로 된 자동차가 있었으면 좋겠다는 생각은 가끔 한다.

날씨 좋은 주말이면 음악을 크게 틀어놓고 왼손은 창에 기대고 오른손으론 운전대를 돌려가며 멋들어지게 드라이브도 하고 맛있는 음식도 먹으러 다니고 싶다. 특히 친구들이 운전하는 차를 타고 있으면 차를 갖고 싶은 생각이 더욱 간절하다.

하도 고장이 나서 애만 먹이던 자가용이었지만 대형 할인마트에서 무거운 시장바구니를 싣고 올 때면 한 몫 단단히 했던터라 굳이 없어야 할 필요는 없었다. 그래서 어머니와 약속을 했다. 내가 대학을 졸업하면 차를 사자고.

2004년 가을, 대학을 졸업했지만 아직 우리 집엔 자가용이 없다. 운전병 출신이라 이사람 저사람이 운전대를 맡기는 일이 많아 내 차는 아니지만 다른 차를 운전할 기회가 종종 있다. 처음에는 너무 좋았다. 음악도 틀어놓고 창문에 팔도 걸쳐 폼도 내보고 '그래, 사람들이 이 맛에 차를 사는구나' 싶어 하루 빨리 대학 졸업하기만을 고대했다.

그런데 이 분위기는 얼마 가지 못했다. 서울의 교통체증은 정말 장난이 아니다. 자동차 바퀴가 네모라면 모를까 일단 둥근데 이 놈의 차는 앞뒤로 움직이지도 않는다. 앞뒤로 차가 막혀 지하철로 5 정거장밖에 되지 않는 거리를 꼬박 1시간을 걸려서 도착했으니 차에서 내리는데 진이 다 빠졌다. 아무리 상습 정체구간이라고는 하지만 너무 심하다 싶었다.

하루는 차를 가지고 교외를 갈 일이 있었다. 도로 위에서 꼼짝달싹 못하고 주차 아닌 주차를 해야만 했던 서울의 사정과는 달랐다. 탁 트인 도로, 차도 많지 않았고 신호등도 봐줄만 했다. 그런데 달릴만하면 표지판 옆에 붙어 있는 조그만 물체가 여간 신경이 쓰이는 게 아니었다. 바로 감시카메라다. 엑셀을 지그시 밟으려고 하면 영락없이 네비게이터가 경고음을 토해낸다. 내 마음은 엑셀 위에 있었지만 내 발은 브레이크 위에 가 있었다. 심지어 속도를 줄이기 힘든 내리막길에도 감시카메라는 숨어 있었다.

운전을 하면서 잘못했다가는 괜히 성질 버리겠다는 생각이 들었다. 밀리지 않으면 못 달리게 하고 여기저기서 튀어 나오는 자동차들 때문에 경적음을 울려대다 보니 나도 모르게 운전대만 잡으면 신경이 날카로워졌다.

그래서 졸업을 얼마 두지 않고 어머니께 다시 건의했다.

"어머니, 우리 차 사지 맙시다!"

있으면 편하기야 하겠지만 요즘 같은 고유가 시대에 자동차는 밑 빠진 독에 물 붓는 것과 마찬가지다. 당장 보험료에, 기름값에 차를 처분하는 순간까지 야금야금 돈을 잡아먹는다.

대신 내가 오늘 쓴 돈보다 내일 통장에 들어오는 돈이 더 많아지면 그때는 차를 살 것이다. 하지만 운전자석에는 앉지 않을 생각이다. 기사가 있는 차가 내 목표다.

내 경우는 우리 식구 외에는 차 탈 사람이 많지 않지만 영업사원이나 부동산업자와 같이 영업상 반드시 차가 필요한 경우도 있다. 이같이 어쩔 수 없이 차를 타야만 한다면 차계부를 써서 차에 들어가는 돈의 출처를 낱낱이 밝혀 새는 돈을 철저히 관리해야 한다. 연비왕 대회에서 1등을 차지했던 사람은 급제동, 급출발을 하지 않고 과속만 하지 않아도 1리터당 28킬로미터를 더 주행할 수 있다고 경험을 털어 놓았다.

고유가 시대에 남들은 리터당 1,400원의 기름을 차에 넣고 다니

지만 연비왕은 절반 가격인 리터당 700원으로 차를 몰고 있는 것이
다. 밑 빠진 독을 막아줄 두꺼비가 없다면 물은 채워지지 않는다.
그렇다면 물을 조금만 부어보는 것은 어떨까?

세상의 모든 자식들은
어머니에게 갚을 수 없는 빚을 진다.
어머니에게 사랑이라는 이름으로 그 빚을 갚으려고 한다.

이왕 사는 거 똘똘한 놈으로 사라

우리 어머니 말씀이다.

지출에도 다이어트가 필요하다. 군더더기 지출은 줄이고 알짜배기 지출을 하는 것이 '절약 테크' 방법이다. 고등학교 시절, 동대문의 대형 의류매장이 인기가 많았다. 가격도 저렴하고 디자인도 마음에 들었다. 게다가 최신 유행 스타일로 한 폼 낼 수 있었다. 친구들과 동대문에서 옷을 사오면 어머니는 꼭 한 말씀 하신다.

“이왕 사는 거 똘똘한 놈으로 사.”

“싼 게 비지떡이야.”

어른 말을 들으면 자다가도 떡이 생긴다지만 당장 입기 편하고 보기도 좋은데 비싼 돈 들여 살 필요가 있을까 싶어 동대문으로 종종 옷을 사러 갔다. 그런데 해가 바뀌고 전에 산 옷들을 다시 입어보면 뭔가 문제가 발견된다. 반 이상의 옷이 쉽게 늘어나고 색이 변해 입을 수가 없었다. 그나마 옷을 깨끗이 입는 편이라 다른 친구들 보다는 오래 입을 수 있었지만 어머니의 말이 그르지 않았다.

어머니는 백화점을 선호한다. 요즘은 시장이나 할인점에도 좋은 상품들이 많아 물건을 고르는 안목만 있으면 굳이 백화점을 찾지 않아도 되지만 백화점이 무조건 비싼 것만 파는 곳은 아니다. 이것은 어머니의 ‘백화점 우호성 발언’이다.

일년에 네 번 있는 정기바겐세일을 이용하면 보너스 상품도 받을 수 있고 이월상품을 잘 살피다 보면 유행이 지나지 않은 상품을 싸게 구입할 수 있다. 그리고 무엇보다 A/S가 확실하다. 이상이 생긴 옷은 대부분 무상으로 A/S 처리를 해준다.

한번은 백화점에서 가방을 산 적이 있다. 그런데 이상하게 옷에 보풀이 많이 일어났다. 그냥 그럴 수 있는 일이라고 생각했다. 신경은 쓰였지만 줄기차게 그 가방을 메고 여기저기를 누볐다. 하지만 내가 아끼고 아껴 입던 ‘빈X’ 니트의 올이 뽑힌 순간 원인을 찾아야만 했다.

가방을 잘 살펴보니 길이를 조절하는 연결 부위에 작은 흠이 있었다. 튀어나온 연결부위 사이로 옷이 끼어 보풀이 일고 올이 풀렸던 것이다. 당장 백화점 매장으로 달려가 정확한 피해 사례를 들며 가방 연결고리 부분을 보여 주었다. 본사의 심사를 거친 후 가방과 옷은 수거되었고 동일 상품의 가방과 흠이 난 니트에 상응하는 보상비를 받을 수 있었다.

또 다른 사례도 있다. 백화점에서 옷을 사고 세탁법에 따라 단 한 번 손세탁을 했는데 옷이 눈에 띄게 줄었다. 한두 푼 하는 옷도 아니고 이름값 좀 한다는 브랜드의 옷이라 백화점을 찾았고 사이즈를 재보고 본사의 심사를 거쳐서 환불을 받을 수 있었다.

똘똘한 놈이 제값을 한다는 말은 백화점 옷에 국한하는 것만은 아니다.

1999년 3월. 전에 있던 컴퓨터를 버리고 꿈에 그리던 최신식 컴퓨터를 구입하기로 했다. 그때 당시 최고 좋은 사양과 시스템으로 다른 친구의 것보다 훨씬 비싼 가격을 지불했다. 내가 컴퓨터를 잘 다루지 못했기 때문에 A/S가 확실한 대기업 제품을 구입했고 사은품 대신 돈을 조금 보태 메모리와 HDD용량을 늘렸다.

친구들은 뭐하러 그렇게 비싼 돈을 주면서까지 대기업 제품을 고집하냐며 조립 PC를 권유했다. 또 높은 사양은 필요가 없으니 그냥

기본 사양으로만 하라는 친구도 있었다.

6년이 지난 지금 나를 만류하던 친구는 잦은 고장으로 컴퓨터를 다시 바꾸었지만 우리 집 컴퓨터는 아직까지도 끄떡 없다. 컴퓨터를 처음 구입하고 1년정도는 무상으로 A/S를 받았고 그 이후에는 본전 생각이 나서 나름대로 컴퓨터에 대해 공부해 지금은 웬만한 잔고장은 혼자서 척척 해결할 수 있다. 일거양득인 셈이다.

'비싼 게 최고다'라고 말하기에는 무리가 있지만 물건을 구입할 때 가장 우선되어야 할 것이 디자인이나 싼 가격은 아닌 것 같다. 내구성이나 품질, 확실한 A/S 등 가격 대비 사용만족도가 우선이 될 때 후회 없는 소비가 가능하다.

부모가 자식의 거울이라면
자식은 부모의 기쁨이다.

0.1%의 위력

다시 군대생활로 거슬러 올라간다. 군대에서 월급은 이등병 때 9,000원대부터 시작해서 병장 때 2만 원 정도다. 물론 나보다 군생활을 먼저 시작하신 분들이 보면 '나는 더 작았다'고 말하겠지만. 물가상승율도 있으니 예나 지금이나 적기는 마찬가지다.

군대 가기전에 어머니에게 들은 얘기가 "아버지는 군생활 때 월급을 모아서 제대할 때 할머니께 반지를 사드렸데"였다.

어머니는 그냥 흘러가는 말로 하셨는데 나는 머릿속에 이 말이 콕! 박혔다. '나도 제대하면 어머니께 선물을 사드려야지.'

훈련소부터 받은 돈을 거의 쓰지 않고 열심히 모았다. 동전은 PX에 있는 자동판매기를 이용했다. 100원짜리 5개를 넣으면 500원으로 나온다. 이렇게 해서 지폐는 지폐대로, 동전은 동전대로 휴가 때

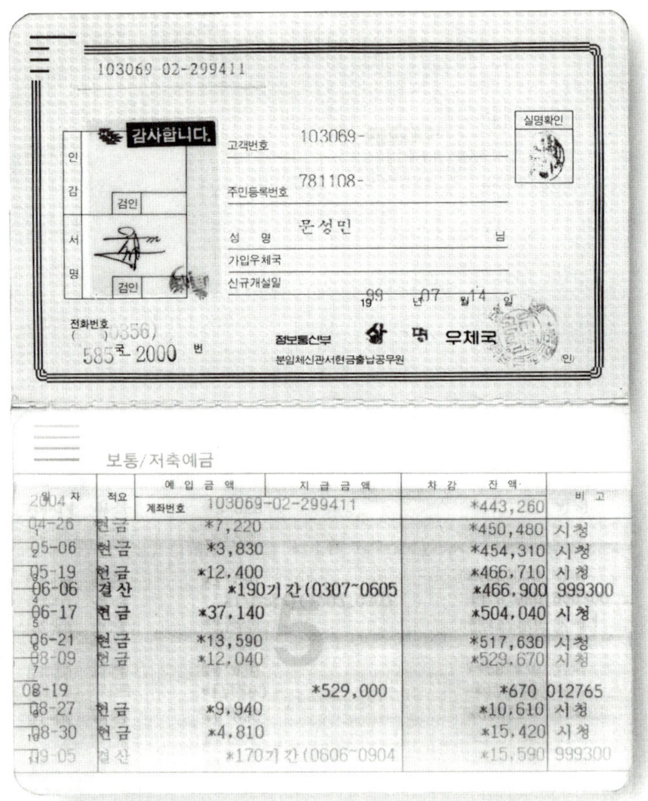

• 1999년부터 2004년까지 5년간 푼돈으로 57만 원을 모았다.
나는 이 돈으로 그토록 갖고 싶었던 디지털카메라를 샀다.

집으로 가져왔다. 그리고 모두 저금통에 넣었다. 휴가 나와서는 가만히 있어도 어머니가 먹고 싶은 것 사먹으라고 돈을 주셨고 여러 사람이 용돈을 주었다. 이렇게 해서 휴가 때마다 모은 돈을 조금씩 저금했다. 제대를 해 집에 와 저금통을 뜯어보니 7만 5,000원이었다. 순수하게 군대 월급만을 모은 돈이다.

나는 동생과 상의 끝에 어머니에게 선물로 반지를 해 드리기로 하고 금값이 비교적 저렴하다고 알려진 잠실로 갔다. 가게에 들어가서 제대 선물로 어머니에게 반지를 사드린다고 했더니 7만 5,000원보다 비싼 것을 7만 5,000원에 흔쾌히 주었다. 어머니는 지금도 그 반지를 끼고 다니고 누구를 만나도 반지 자랑을 꼭 한다. '아들이 군대 월급모아서 사준 것이라고.'

정말 뿌듯하다.

제대 후에도 동전이 꽤 생겼다. 외출하고 돌아오면 무조건 주머니에 있는 동전을 한 곳에 모았다.

어머니는 책상에 수북이 쌓여 있는 동전을 보통예금통장에 넣으셨다. 그것도 군대에서 만들었던 우체국통장에다 말이다. 그리고 나중에 돈이 모이면 내가 필요한 것을 사라고 하셨다.

필요한 것이라?

제주도에 놀러 갔을 때다. 다들 카메라를 얼굴에 적당히 거리를 두고 슬며시 미소를 지으며 사진을 찍고 있는 것이 아닌가? 나만 카

메라에 얼굴을 들이대고 윙크를 하면서 찍고 있었다. 그때 결정했다. 바로 이것이 내가 필요한 것이다. 동전 모은 돈으로 디카를 사야겠다고. 그런데 가격이 만만치 않았다. 나는 더 많은 동전이 필요했다.

한푼 두푼 저금한 지 몇 년이 지나니 57만 70원이 모아졌다. 나는 그렇게도 사고 싶었던 디지털 카메라를 샀다. 순수하게 동전만 모아 디카를 산 것이다. 공짜로 산 기분이 들었다. 친구들은 대단하다고 한다. 뭐가 대단한가? 대단할 것 하나도 없다. 그냥 몇 년 동안 동전모아서 사고 싶었던 디카를 산 것 뿐이다. 내가 하고 싶고 사고 싶은 목표를 정하면 돈을 모으는 과정은 즐거워진다.

100원, 200원은 적은 돈이다. 적은 돈이 모이고 모이니 50만 원이 넘었다. 지금 금리가 많이 낮지만 0.1%의 차이를 크게 볼 필요가 있다. 처음에 0.1%는 작은 이율이다. 작은 이율이 모이고 모이면 금방 10%의 이율이 될 것이다.

한 방울의 물을 무시하는 자가 어떻게 바다를 만들 수 있겠는가? 한 방울의 물이 시냇물이 되고, 시냇물이 강물이 되고, 강물은 바다가 되는 것인데….

아버지가 38년간 이끌어 갔던 일들을
어머니가 이어서 하셨고
또 내가 이어서 할 것이다.

피 같은 당신의 돈이 어디론가 새고 있다면?

진정한 애주가는 술을 먹지 않는 사람에게 술을 억지로 권하지 않는다. 이유는 단 한 가지. 마시지도 않을 술잔에 채워진 술이 아까워서이다.

애주가가 낀 술자리가 아니더라도 우스개 소리로 "피 같은 술을 흘리면 안 되지"라는 말을 자주 듣곤 한다. 작은 술잔에 넘치는 술 한 방울에도 바들바들 손을 떠는데 우리가 방심하는 사이 보이지

않는 곳에서 돈이 새고 있다면 어떻게 할 것인가?

고단함도 가시지 않은 이른 아침. 그렇다 할 벌이도 없는데 우리는 눈을 뜨자마자 나라에 헌신적으로 세금을 내고 있다. '아니, 월급 때도 아닌데 무슨 세금?' 그렇다. 우리는 세금 내는 일에 너무 익숙해져 버렸다.

일어나자마자 양치하면서 사용하는 치약, 칫솔은 분명 마트에서 물건값 이외에도 피 같은 세금을 지불하면서 사온 것이다. 세수하면서 사용하는 수돗물도 공짜는 아니며 출근하기 위해 곱게 차려입은 정장에는 부가가치세가 포함되어 있다.

문 밖을 나서면 꼬박꼬박 걷어가는 세금으로 폼 나게 깔아놓은 도로 위를 걷게 되고 이밖에도 우리가 사용하는 지하철, 버스 요금, 심지어 구내식당에서 먹는 점심까지. 집에 돌아와 불을 끄고 잠을 자기 전까지 면세라는 특혜는 우리 것이 아니다.

그렇다고 탈세를 하라는 것은 물론 아니다. 국민의 4대 의무인 납세의 의무를 지켜 세금은 반드시 내야 하는 것이지만 몰라서 더 납부하는 억울한 일은 없어야 한다. 어떤 때 얼마만큼의 세금을 내야하는지를 잘 알고 있어야 불필요한 세금을 내지 않을 수 있다. 당연히 낼 세금을 내지 않으면 탈세지만 요모조모 따져 세금을 줄이는 것은 지금과 같이 한 푼이 아쉬운 때 반드시 필요한 생활의 지혜이다.

자기 밥그릇은 자기가 챙겨야 한다. 어느 누구도 남의 밥그릇에는 관심이 없다.

내가 군에 입대함과 동시에 달랑 세 식구의 이름만 적혀 있던 의료보험증에는 내 이름이 자연스레 지워졌다. 하지만 사람이 셋에서 둘로 줄었음에도 불구하고 의료보험료는 줄어들지 않았다. 이상하다는 생각에 어머니는 직접 의료보험공단을 찾아가 사람이 줄었는데 왜 의료보험료는 그대로냐고 묻자 돌아온 대답은 이렇다.

"군대에 갔으면 군대에 갔다고 직접 신고를 하셔야 됩니다."

이뿐만이 아니다. 재산이 조금이라도 늘어나면 아까와는 달리 신고 하지 않았는데 어떻게 알았는지 귀신같이 다음달 의료보험료가 올라가 있다. 그 반대로 재산을 매각해도 의료보험 공단에 가서 증빙서류와 함께 매각했다는 신고를 하지 않고선 의료보험료를 감면받을 수 없다.

"나는 혼자 사는데 이상하게 의료보험료가 많이 나오네."

이상하게 여기지 말고 지금이라도 이상하다 싶으면 직접 의료보험공단을 찾아가서 확인해보길 바란다. 세금을 많이 내서 애국자가 되고 싶다면 어쩔 수 없지만.

내가 아는 K씨는 오랜 직장생활 동안 한 은행만을 고집하며 집중적으로 거래했다. 덕분에 우수고객으로 선정되어 계좌이체와 은행

영업시간 이외의 금융 거래를 수수료 없이 무료로 할 수 있었다. 수수료 면제라는 특혜는 휴일이나 타은행 거래시 좋아 때와 장소를 가리지 않고 K씨의 돈 거래는 계속 되었다. 수수료가 없으니 거래 후 화면을 통해 잔액만을 확인하고 차츰 명세서를 생략하는 횟수가 잦아졌다.

얼마가 지났을까? 오랜만에 통장정리를 할 생각으로 찾은 은행. 편한 마음으로 통장정리기 앞에 선 K씨. 이상한 굉음을 내던 기계가 뱉어 낸 통장은 K씨의 눈을 의심하게 만들었다. 수수료가 무료인 줄 알았는데 언제부터인가 600원, 800원, 1,500원의 수수료가 붙어 있었기 때문이다.

창구로 달려가 직원을 통해 내용을 확인해 보았지만 은행의 잘못은 없었다. 그때서야 안 사실이지만 우수고객에도 유통기한이 있어 한 번 우수고객이 평생 우수고객이 될 수는 없다는 게 은행의 입장. 따져봐도 소용 없었다.

과연 우수고객에도 유통기한이 있다는 것을 아는 사람이 얼마나 있을까? 하지만 이러한 무지로 인한 손해는 은행을 이용하는 고객들의 몫이다. 아는 게 힘이요, 아는 게 돈이다. 남보다 많이 아는 만큼 손해를 적게 볼 수 있는 것이다.

착한 사람들은 부자가 되기 힘들다고 한다. 자신의 돈이 어디론가 새고 있어도 '그러려니' 하기 때문이다. 하지만 부자들은 다르다.

새는 돈이 없나 항상 돈에 대한 신경을 바짝 세우고 돈의 향방을 예의 주시하고 있다. 그러다 조금이라도 이상하다는 낌새를 차리면 곤두선 칼날을 휘둘러 외부로 새어나가는 자신의 돈을 사수 한다.

연말 소득공제로 되돌려 받는 돈은 공짜로 생긴 돈이 아니다. 1년 동안 나라에서 혹시나 손해를 볼까봐 더 많이 받아간 거스름돈을 되돌려 주는 것이다. 우리가 챙기지 못한 거스름돈은 생각보다 많은 액수가 나라로 들어간다.

본인의 거스름돈을 잘 확인하는 것도 중요하지만 돈을 지불하면서 내가 지불한 돈이 얼마이고, 어디에 쓰이고 있으며, 미처 알지 못했던 돈 새는 틈을 정확히 짚고 넘어가는 것이 더 중요하다. 2005년부터는 현금영수증도 연말 소득공제로 인정 된다. 어쩌면 이런 일도 생길 수 있을 것이다.

어느 남녀가 맞선을 보게 되었고 남자는 근사한 레스토랑에서 저녁을 샀다.

"저녁식사 괜찮으셨어요?"

"네, 괜찮았어요. 근데 혹시 영수증 필요 없으시면 저에게 주실 수 있으세요?"

무너뜨리기는 쉽지만 지켜내기는 어렵다.
나는 아직 숙련되지 않은 신인이다.
수많은 전문가들을 이기기 위해
지금도 노력을 게을리 하지 않는다.

돈시돈 불시불

이웃나라 일본은 장수국가로 유명하다. 의학기술이 발달한 이유도 있겠지만 근본적인 이유는 일본인들의 긍정적인 마인드에 있다고 한다. 일본에 다녀온 사람들의 공통된 이야기가 있다. 하나같이 이렇게 입을 모은다.

"너무너무 친절하다."

"길거리에서 차들이 경적을 절대 울리지 않는다."

앞에 차가 가로막혀 있거나 사람이 도로 한 가운데 있어도 절대 울리지 않는다는 것이다. 만약 우리나라였다면? 안 봐도 비디오다.

운전할 때는 한 손이 경음기 위에 올려져 있다. 아니면 굉장히 본능적으로 경음기를 빠르게 누를 수 있는 능력들을 지니고 있다. 급해도 너무 급하다.

나와 군대시절 같이 지냈던 동기가 있다. 그는 항상 긍정적인 생각을 가지고 있다. 무슨 사건, 사고가 생기면 다른 동기들은 걱정하고 큰일났다는 생각에 밥도 제대로 못 먹었는데 그는 "걱정하지마. (시쳇말로) 설마 죽이기야 하겠어?" 하고 여유롭게 노래를 흥얼거리곤 했다. 그런데 그의 얼굴을 보니 진짜 걱정이 없어 보였다. 그는 항상 자랑했다.

"나는 매일매일 화장실 간다고…."

매일매일 화장실 가는 것이 무병장수의 필수요건인지는 다 알 것이다. 우리 몸의 소화기 계통은 예민해서 신경에 영향을 많이 받는다고 한다.

긍정적인 마인드가 건강에도 굉장히 영향을 미치지만 주식투자를 할 때도 얼마나 중요한지 많은 사람들이 공감할 것이다. 더 나아가 돈을 굴리는 데 있어도 많이 좌우한다.

다음은 돈 굴리기에 없어서는 안 될 중요한 요소들이다.

하나, 돈굴리기는 빠를수록 좋다

"시간 참 빠르다."

그냥 무심코 내뱉는 말이다. 사람들은 돈을 많이 벌고 싶어 하면서 시간은 돈이라는 걸 잊고 지내는 사람이 많다. 돈 굴리기를 미리미리 하면 그만큼 남들보다 한 발 앞서 나가는 것이고 급격히 변화하는 돈 굴리기 키워드에 금방 적응해서 적용할 수 있을 것이다.

둘, 돈 굴리기를 할 때는 여유자금으로 해야 한다

지금 예금금리가 낮아 대출 금리까지 낮아졌다. 거기다가 물가상승률을 감안하면 대출을 받지 않는 것이 이상하게 여길 정도다. 하지만 대출은 어디까지나 빚이다. 물가상승률을 감안한 것은 이론상일 뿐이다. 이론상으로는 대출을 받는 것이 유리할지도 모른다. 하지만 대출에 따라오는 이자는 왜 생각을 하지 못하는가? 처음에 장밋빛으로 대출을 받다가 나중에 배보다 배꼽이 더 커질 수 있다는 것을 명심해야 한다. 레버리지 효과(leverage effect)는 기업에게 유리한 것이다. 개인에게는 많은 어려움이 따른다.

셋, 주위의 스승으로부터 배울 수 있다.

대출은 아무나 받는 것이 아니라는 것을 가르쳐주는 훌륭한 스승들은 어렵지 않게 만날 수 있다.

대출을 받았다가 갚지 못해 신용불량자가 되어 신용회복 프로그램에 줄을 서서 기다리는 사람들, 대출금리가 낮아 대출 받아 부동산에 투자했다가 부동산 가격 하락으로 평생 이자만 갚아야 할 사람, 대출 받아 주식에 투자했다가 주가의 폭락으로 한강으로 뛰어든 사람 등.

이렇게 대출을 받아 실패한 사람들은 몸소 이렇게 하면 안 된다는 것을 보여준 완벽한 스승이다. 어리석은 자는 자기 비용으로 배우고 현명한 자는 어리석은 자의 비용으로 배운다고 한다.

당신은 어느 쪽인가?

넷, 0.1%를 우습게 보면 안 된다

10년 후 필드에서 샷을 날릴 때마다 내가 뿌려 놓은 돈 굴리기 수단에서 라운딩 비용이 나올 수 있다는 것을 잊으면 안 된다.

다섯, 독한 마음도 가져야 한다

자신에게 닥치거나 혹은 닥쳐올 것에 대해 '그러려니' 하고 있으면 부자 되기 힘든 사람이다. 세상은 절대 그런 사람에게 같이 '그러려니'라고 해주지 않는다. 오히려 인정사정 보지 않고 달려들 것이다. 자본주의 시스템이 독한 마음을 갖지 않고서는 성공하거나 돈벌기 힘들게 되어 있다. 돈이 많다는 것이 반드시 좋은 것이 아닐 수도 있지만 사실 좋을 때가 더 많다.

여섯, 돈 굴리기에는 정답이 없다

만일 수학문제처럼 명확한 정답이 있으면 재미가 없을 것이다. 모두들 정답으로 움직이는데 부자가 안 될 사람이 어디 있겠는가? 정답이 없기 때문에 남들보다 좀 더 노력한 사람에게 노력의 대가가 지불되어 정답에 근접해 가는 것이다.

일곱, 포트폴리오를 잊으면 절대 안 된다

포트폴리오는 투자에 대한 위험을 줄여주는 효과를 가져다 주기 때문에 잊어서는 안 된다. 포트폴리오는 우리가 뷔페에서 먹고 싶은 것만을 한 접시에 담는 과정이라고 보면 이해하기 쉽다. 야채를 선호하는 사람은 야채 위주로 담을 것이고 고기를 좋아하는 사람은 고기 위주로 담을 것이다. 선택은 자유지만 가장 좋은 방법은 야채와 고기를 골고루 먹는 것이다.

여덟, 자신이 전문가가 되어야 한다

사람들은 전문가가 특별하다고 생각한다. 전문가에게 돈을 맡기면 다 부자가 되는 줄 알고 있다. 만일 그것이 사실이라면 이 세상에 부자 아닌 사람이 없을 것이다. 전문가와 비전문가의 차이는 종이 한 장 차이다.

아홉, 뒷북치지 말자

남들이 돈을 벌었다는 말에 현혹되어서 뒷북치지 말아야 한다. 남들이 투자해서 돈을 번 것이 자신에게도 해당될 것이라는 생각을 버려야 한다. 어제 최고의 투자수단이었던 것이 오늘은 최악의 투자수단으로 전락할 수도 있다. 인기가 있다는 말에 뒷북치지 말아야 한다. 부자들은 뒷북치는 사람 바로 앞에서 단물 다 빼먹고 나온다.

열, 좋은 습관을 가져야 한다

부자가 되기 쉬운 방법은 남들이 하기 싫어하는 일을 하면 되는 것이다. 아침에 일찍 일어난다든지, 매일매일 가계부를 쓴다든지, 매일매일 일기를 쓴다든지….

마지막 열하나, 건강이 뒷받침이 되지 않으면 돈 굴리기는 없다

건강은 열 번 강조하고 백 번 강조해도 지나치지 않는다. 자신이 무엇을 하고 싶어도 건강이 뒷받침되지 않으면 불가능 할 것이다.

'전쟁은 끝이 난다.'

언젠가 친구에게 내가 했던 말이다. 전쟁은 언젠가 끝나기 마련이다. 사람 사는 것이 전쟁과 같다. 지금 치루는 전쟁이 너무 힘들고 고통스러워 끝이 보이지 않더라도 분명 끝은 있다. 세상사는 일은

마음먹기에 달렸다. 어차피 살 인생이라면 즐겁게 살다 가는 게 좋지 않을까?

돈시돈 불시불.

돼지 눈에는 돼지만 보이고 부처 눈에는 부처만 보이는 법이다. 밝은 마음으로 세상을 바라보다 보면 우리 인생에도 '쨍 하고 해 뜰 날'이 반드시 올 것이다.

떼굴떼굴 행복 굴리기

행복
≒ 우리 돈 환산 불가능
≒ 미국 돈 환산 불가능
≒ 일본 돈 환산 불가능
≒ 중국 돈 환산 불가능
≒ 유럽 돈 환산 불가능

행복으로 할 수 있는 것
세상 모든 것

꿈은 클수록 또한 많을수록
삶에 힘을 불어넣는다

if Part Ⅱ

'Life' 안에 있는 'if'는 꿈이자 희망이다.

'내가 만약 부자가 된다면…'

'만일 내 꿈이 이루어진다면…'

돈 굴리기를 모두 소화해 냈으면 'if' 안에 있는 꿈과 희망을 위해, 자신과 가족을 위해 행복 굴리기를 해야 한다. 제 아무리 돈을 많이 벌고 몇 채의 집을 가지고 있다 하더라도 그러한 금전적인 여유가 행복의 절대적인 지표가 될 수는 없다. 금전적으로 여유가 있다 해도 정작 자신이 행복을 느끼지 못한다면 그것은 불행이다.

인생은 그림과 같다. 삶이라는 캔버스에 꿈이라는 스케치를 그려 넣고 현실이라는 물감으로 색칠을 해 가는 과정이다. 인생이라는 그림 속에서 'if'라는 순간은 어떤 색의 물감을 고를까 결정하는 순간이다. 난 그 순간 행복이라는 꿈에 가장 가까운 현실의 물감을 쥐고 싶다.

어떤 그림이 그려질지는 어느 누구도 알 수 없다. 생의 마지막 순간에 생명이라는 붓을 손에서 내려놓았을 때 진정한 그림의 가치는 평가되어질 수 있다. 그림의 주제도 소재도 모두 다르겠지만 꿈이라는 스케치대로 자신이 그리고자 하는 그림을 그렸다면 그것 자체만으로 그 그림은 걸작이 될 수 있는 것이다.

'인생'이라는 걸작을 남기고 싶다면 우선 '꿈'이라는 스케치를 그려 넣어라.

행복을 느끼기 위해서는 꿈이 있어야 한다. 사람이 동물과 다른 것은 미래라는 꿈이 있기 때문이라고 혹자는 말한다. 꿈은 인생이라는 그림을 그려내기 위한 가장 기본적인 과정이지만 절대로 없어서는 안 될 중요한 과정이기도 하다. 꿈을 잃어버린다면 인생의 순간순간에서 행복을 느낄 수 없다.

꿈은 행복을 향한 갈망이고 이상이다. 모두들 그 갈증을 채우기 위해 끊임없이 노력 할 것이다. 어떤 사람은 아무도 모르게 자신의

꿈을 마음속에 고이 간직한 채 혼자서 묵묵히 노력할 것이며, 또 어떤 사람은 행여 자신의 꿈을 잊어버릴 새라 주위 사람들에게 알려 그 약속을 지켜내기 위해 자신을 채찍질 해 갈 것이다.

하지만 가장 중요한 것은 행복이란 꿈을 누가 얼마나 많이 알고 있느냐가 아니라 자신의 꿈을 얼마나 많이 이루었느냐는 것이다. 비록 다 이루지는 못하였어도 꿈을 이루고자 노력하고 있다면 그것만으로도 충분히 행복할 수 있다.

나는 꿈이 많다. 이루고 싶은 나의 꿈. 그 중 하나는 국회의원이 되는 것이다. 어린 시절 드라마에서 비춰지는 국회의원의 모습은 멋졌다. 대단한 권력을 가지고 있었고 보통 사람과는 다른 삶을 사는 것처럼 보였다. 하지만 우연히 보았던 청문회에서 대단한 권력을 가진 특별한 사람들 같았던 그들은 동네 쌀집 아저씨와 별다른 것이 없었다.

그렇다면 진짜 국회의원은 어떨까? 나는 과연 국회의원이 어떤 것인지 한 번 해보고 싶어졌다. 그때부터 내 꿈은 국회의원이다. 누가 나의 꿈을 묻는다면 지금도 망설이지 않고 국회의원이 되는 것이라고 말할 수 있다. 그래서 친구들을 만나면 장난스럽게 하는 말이 있다.

"우리 나중에 같은 동네에 꼭 같이 살자."

그러면 내 친구들이 나를 뽑아주지 않을까? 아직 그 꿈을 이루지 못했지만 내겐 젊음이 있고 이룰 수 있는 희망이 있기에 기쁘기만 하다. 솔직히 내가 국회의원이 될지 안될지는 아무도 모른다. 하지만 분명한 것은 내가 그 꿈을 이루기 위해 열심히 노력할 것이라는 점이다.

더 큰 꿈도 있지만 그 큰 꿈은 내 가슴속에 남겨두려고 한다.

이루고 싶은 많은 꿈 중에 또 하나는 대륙간 횡단 철도가 놓이고 도로가 뚫려 비행기가 아닌 승용차나 기차로 유럽을 여행하는 것이다. 허황된 얘기일 수도 있다. 하지만 각 나라들이 추진해 가고 있는 것을 보면 결코 꿈으로만 끝나지는 않을 것 같다.

대륙간 횡단 철도 혹은 도로가 생기면 비행기로 목적지의 환경만을 접할 수 있던 것과 달리 각 나라의 환경과 특징을 단 한 번의 편도 여행으로 끝낼 수도 있을 것이다.

창공을 나는 답답한 비행기 안에서 돌아다니지도 못하고 스튜어디스 이외에는 구경할 것이 없던 지금의 여행보다 구석구석 각 나라의 향취를 느끼며 볼 것 많은 여행을 즐기고 싶다.

마음의 키가 훌쩍 자랐다.
늘 웃음만 넘치는 건 아니다.
불안하지 않은 것도 아니다.
세상의 행복한 전쟁에서 가족들이 가진
최대의 무기는 바로 변하지 않는 사랑이다.

내 꿈과 소망을 담아 타임캡슐을 띄운다

여행을 떠나기 전, 가장 먼저 해야 할 일은 목적지를 정하는 것이다. 사람들 가운데 뚜렷한 인생의 목표가 있는 사람은 5% 밖에 되지 않는다고 한다.

그 5% 중에서도 단지 2.5% 만이 세운 목표를 적어둔다고 한다. 그리고 그 목표가 현실적이고 충분히 달성 가능한 수준으로 낙관적인 경우 소수의 2.5% 중 80% 이상은 정한 목표를 초과달성 한다고 한다.

목표를 가지고 계획을 세우는 것이 얼마나 중요한 일인지는 누구나 알고 있다. 그렇지만 작심삼일이라는 말을 알면서도 직접 하기란 쉽지 않은 게 사실이다. 부자가 되기 위해서는 남이 하기 싫은 일을 해야만 한다. 쉽지 않는 일들을 해내기 위한 나만의 노하우.

지금부터 내가 직접 해보고 효과가 있었던 몇 가지를 소개하고자 한다.

작심삼일이라는 말이 있듯이 계획을 세우고 실천하는 데 있어 3일을 넘기기란 어려운 일이다. 나 또한 그렇다. 그렇다면 3일마다 계획을 다시 세우는 것은 어떨까? 조금씩만 수정을 하는 것이다. 귀찮은 일이라고 생각할 수도 있지만 계획을 세워본 사람이라면 계획을 세우면서 미래에 대한 기대와 희망이 용솟음치는 것을 느꼈을 것이다. 계획을 세우고 난 후 그 기쁨을 느껴본 사람이라면 짧은 시간이지만 깊은 숙면을 취할 수 있고 오히려 다른 아침보다 훨씬 개운한 기분을 맛보았을 것이다.

혹시 자신의 책상이나 방 한 켠에 볼 때마다 자신을 채찍질 할 수 있는 글귀가 적혀 있는가? 내 책상에 앞엔 '지금 내 모습을 자식에게 떳떳하게 이야기 할 수 있는가?' 라는 글귀를 써서 붙여 놓았다. 나는 이 글만 보면 정신이 번쩍번쩍 난다.

'지금 자면 꿈을 꿀 수 있지만 지금 공부하면 꿈을 이룰 수 있다'

이것은 친한 친구 책상에 붙어 있던 글이다. 우리 둘의 공통점은 이것이다. 이 글을 읽으며 자신을 채찍질 한다는 것이다. 꿈을 꿈으로만 놔두지 않고 그 꿈을 이루기 위해 하루하루 목표를 가지고 생활하는 것 자체가 중요하다. 사람은 망각의 동물이라 아무리 굳은 의지라 하더라도 잊어버리기 마련이다. 하지만 그 순간을 놓치지 않고 노력한다면 꿈을 이룰 수 있을 것이다.

군 생활 중에 한 해를 마무리 하며 의무적으로 쓰는 것이 있었다. 바로 '새해의 다짐'이다. 편지지와 편지봉투를 받으면 편지지에는 나름대로 새해에는 무엇을 할까? 무엇을 이룰까? 등의 계획을 쓴다. 일종의 타임캡슐인 것이다.

1년을 계획하고 정성스럽게 적은 다음 새해의 다짐을 편지봉투에 넣고 편지봉투 겉에는 '0000년 새해의 다짐'이라고 적은 후 풀로 붙여 놓는다. 그리고 잘 보관해 두었다가 1년을 열심히 생활하고 그 해의 마지막 날 펼쳐 본다. 그 날엔 목표를 이룬 것은 자축하고 기대에 못 미친 부분은 반성하는 시간을 갖고 새로운 다짐으로 새해를 위한 '나만의 타임캡슐'을 다시 쓴다.

나는 군 생활 이후 '나만의 타임캡슐'을 쓰는 것을 잊지 않고 매년 12월 31일이 되면 한 해의 계획을 확인하면서 기뻐하기도 하고 반성도 한다. 지난 일년 동안의 나를 돌아보며 가끔씩 피식 웃음 지으며 얼굴을 붉히기도 한다.

매일은 아니지만 가끔 일기를 쓰는데 새해의 다짐을 확인하는 것은 일기와는 다른 색다른 매력이 있다. 하루의 내가 아닌 일년 동안의 나 자신을 돌아 볼 수 있는 시간을 가질 수 있어 좋다.

이 책을 읽는 분들 중에도 이와 조금 다른 방법으로 자신의 계획이나 다짐을 적는 분이 분명 계실 것이다. 방법이 중요한 것은 아니지만 내가 직접 경험해 본 결과 기대 이상의 효과를 주었던 타임캡슐을 과감하게 권하고 싶다.

계획을 정함에 있어 12월 31일은 공식적인 날이 아니다. 늦었다고 생각할 때가 가장 이른 법. 지금이라도 늦지 않았다. 이 타임캡슐을 주위에게 권하니 혹자는 우스갯소리로 "구정에 쓰면 안되요?"라고 묻기도 한다. 신정이든 구정이든 무슨 상관이 있으랴?

목표가 없는 배는 침몰하기 쉽다. 거대한 인생의 바다에 표류하다가 시련이라는 폭풍에 휘말려 침몰하지 말고, 꿈이라는 목표에 가장 가까운 항로를 정해 행복이라는 항구에 닻을 내리길 바란다.

행복은 나눌수록 커지고
퍼 줄수록 차고 넘친다.

Dreams come true!

군대에 입대, 훈련소 생활을 마치면 자신이 생활할 부대를 배치
받게 된다. 부대 배치를 받으면 윗사람들이 관례처럼 시키는 것이
있다.

"왼손 주먹을 왼쪽 눈에 대라. 그리고 오른쪽 눈을 감아라."

그리고는 묻는다.

"이병! 뭐가 보이냐?"

“아무것도 보이지 않습니다.”

한손으로 눈을 가리고 한 쪽 눈을 감으면 무엇이 보이겠는가? 답은 이미 정해져 있다. 아무것도 보이지 않는다는 것이 이병이 하는 정답이다. 그러면 고참은 말한다.

“그래. 그게 앞으로 네 군생활이다.”

하지만 시간이 흘러 상병이 되면 병장이 다시 물어본다.

“뭐가 보이냐?”

“뭔가 조금 희미하게 보입니다.”

그때도 마찬가지로 고참은

“그래. 그게 앞으로 네 군생활이다.”

군대에 입대 할 당시만 해도 제대는 눈앞에 보이지 않았다. 하지만 훈련을 열심히 받고 군 생활을 모두 마치면 까마득하기만 했던 제대를 하게 된다. 이등병의 꿈을 이룬 것이다.

지금은 제대후 사회인이 되어 그 시절을 회상하곤 한다. 저금을 시작하면서 겨우 50만 원을 모으는 게 꿈이었지만 그 꿈은 이루어진지 오래다. 그리고 지금은 또 다른 꿈을 이루기 위해 노력하고 있다.

우리는 2002년 월드컵에 대한 기억을 평생 잊지 못할 것이다. 당시까지 우리나라는 월드컵 본선에서 단 1승도 하지 못했다. 따라서 우리의 염원은 16강 진출이었다. 그런데 16강의 목표를 훨씬 뛰어넘어 4강이라는 놀라운 결과를 낳았다. 우리나라가 4강을 가리라고 예상한 사람은 극히 드물었다. 어린 시절에 축구 만화를 보면서 우리나라가 결승전에 간 것을 보고 실제로 우리나라도 그런 날이 오

기를 학수고대했다. 꿈은 이루어졌고 비록 결승전까지는 진출하지 못했지만 4강이라는 금자탑을 쌓았다.

2002년 월드컵은 우리나라 국민들에게 큰 희망과 용기를 주었다. 내가 대한민국 사람이라는 것이 그처럼 자랑스러웠던 적이 없었다. 요즘도 가끔 월드컵 당시를 녹화했던 테이프를 보고 있노라면 빨간색 티셔츠를 입고 응원하던 그때의 감동이 다시 나를 흥분시키곤 한다.

꿈을 간절히 원하고 노력하는 사람은 반드시 그 꿈을 이루리라 믿는다. 꿈을 이루는 것도 중요하지만 그 꿈을 누가 더 빨리 이루느냐도 중요하다. 꿈을 이룬 행복을 만끽하지도 못한 채 생을 접어야 한다면 그 간의 노력들이 너무 아쉬울 것 같다. 그 꿈을 빨리 이루고 또 다른 꿈을 이루는 것도 좋지 않을까? 그 꿈이 금전적인 꿈이었다면 빨리 이루면 이룰수록 보다 나은 생활이 보장 될 것이다.

이 책을 읽으신 분들 모두가 꿈을 간절히 원하고 노력하면 분명 좋을 결과가 있을 것이라고 확신한다. 물론 나 역시 꿈을 이루기 위해 항상 노력하려고 애쓴다.

그리고 꿈을 이루었으면 주위 사람들을 위해 조금씩 베풀면서 살았으면 좋겠다. 개인적으로 내 꿈을 이룬 훗날엔 어려운 가정에서 태어난 아이들을 돕고 싶다. 자본주의 사회에서 가난은 기회의 평

등조차 앗아가는 잔인한 무기가 되기도 한다.

미국은 우리나라 사람들보다 20배 정도, 영국 사람들은 7배 정도 되는 돈을 기부금으로 낸다고 한다. 그렇다고 해서 미국이나 영국이 우리나라보다 20배, 7배나 잘 사는 것은 아니다. 서로 다른 인종끼리 엉켜 사는 외국의 경우가 그러한데 단일민족이라는 우리나라가 서로의 어려움을 외면한다면야 한민족이라는 말이 아무런 의미가 없지 않을까?

행복은 나눌수록 커지고 퍼 줄수록 차고 넘친다. 나도 나의 행복을 베풀면서 살았으면 좋겠다.

떼굴떼굴 돈 굴리기 후에

무엇인가를 기다리는 일은
기대와 설레임이 있기에 행복한 일입니다.
내 미래의 아이들에게
뿌려줄 씨앗을 준비하는 것은
내 삶에 가장 큰 보람입니다.

부자 아빠

내가 지금까지 이렇게 자라온 이유는 지금은 곁에 계시지 않지만 머나먼 곳으로 떠난 훌륭한 아버지와 아버지의 빈자리를 꿋꿋이 지켜낸 어머니의 사랑과 가르침에 보답하고자 함이다. 아버지와 어머니는 하늘이 주신 가장 큰 선물이다. 그 분들께 받은 사랑은 평생을 보답해도 다 갚을 수 없을 것 같다.

그래서 아버지와 어머니가 나에게 주셨던 사랑을 그대로 내 아이에게 주는 것으로 보답하려고 한다. 부모님 못지않게 내 아이들에게 떳떳하고 훌륭한 아버지가 되기 위해 지금도 끊임없이 노력하고 있고 그 노력을 게을리하지 않으려고 한다. 그래야 내가 부모님께 진 빚을 다 갚을 수 있을 것 같다.

내 삶의 코드는 훗날 태어날 내 아이들에게 맞춰져 있다. 내 아이들에게 좋은 경험과 좋은 환경을 만들어 주기 위해서는 지금 이 순간이 나에게 있어 정말 중요한 시기이다.

그런 일환으로 내가 수집하고 있는 두 가지가 있다. 바로 외국돈과 장난감이다.

내가 초등학교를 다닐 때만해도 학교에 가지 않으면 곧바로 결석이었다. 하지만 지금은 시대가 바뀌어서 부모와 함께 가까운 곳으로 여행을 가거나 혹은 해외여행을 다녀와도 결석처리가 되지 않는다. 백 번 듣는 것보다 한 번 보는 것이 낫다고 '현장학습'으로 학교에서 인정해주기 때문에 출석으로 인정되는 것이다.

훗날 내 아이들과 해외여행을 가기 위해 지금부터 조금씩 외국돈을 모으고 있다. 그래서 내 아이에게 답답한 교실 안에서 사진이나 인터넷에 나온 기사를 외우고 받아 적는 것보다 먼 이웃나라를 방문하며 그 나라의 음식을 직접 맛보여주고 땅을 밟게 해 주고 싶다.

주위에 내 친구들은 좋은 직장에 취업하기 위해 외국으로 유학을 많이 갔다. 하지만 부러워해 본적은 없다. 다만 유학을 가는 친구들을 보면서 다짐을 했다.

‘외국에 공부하러 가는구나. 나는 나중에 내 아이들과 놀러 갈 것이다.’

여행이 가장 좋은 학습이라는 것은 누구나 알고 있다. 특히 어린 시절의 여행이 평생 동안의 생각의 틀을 키우는 데 가장 많은 영향을 미치지만 만일 목구멍이 포도청이라 먹고 살기에 바쁘다 보면 외국여행은 고사하고 우리나라에 있는 관광지도 다니기 힘들 것이다. 지금부터 부지런히 저축을 해야만 외국을 다닐 수 있을 것이다.

외국돈을 처음 본 것은 유치원을 다니던 시절로 기억한다. 태어나 처음 본 외국돈은 신기함, 그 자체였다. 한 번 만져보고 싶기도 했고 나도 갖고 싶다는 생각을 많이 했다. 지금도 외국돈을 보면 왠지 좋은 느낌을 받는다.

장난감은 내 아이들에게 주려고 모으는 것과 심리적인 이유 두 가지 모두다. 어머니는 장난감을 사서 모으는 나를 보고 “그때 되면 더 좋은 장난감이 나올 텐데 하신다.”

그저 주려고만 한다면 지금부터 장난감을 사지 않을 것이다. 내가 장난감을 모으는 더 큰 이유는 미래에 대한 기대감 때문이다. 장난감을 보면서 미래에 내 아이들을 생각하게 되고 부끄럽지 않은 아빠가 되기 위해 마음을 다시 한 번 가다듬을 수 있는 것이다.

　나는 부자아빠가 되기 위해 오래전부터 노력해 왔다. 금전적으로도 부자가 되고 마음도 부자가 되어 훗날 내 아이들에게 떳떳한 아빠가 될 것이다.

　그러면 아이들이 나를 보고 훗날의 자손들에게 더 잘해주겠지. 내가 아버지에게 배웠던 것처럼.

정말 하루를 살더라도
사랑하며 살았다면
그 삶은 정말 가치 있게 산 것이다.

호랑이는 죽어서 가죽을 남기고
사람은 죽어서 재산을 남긴다

'호랑이는 죽어서 가죽을 남기고 사람은 죽어서 이름을 남긴다.'

틀렸다.

'호랑이는 죽어서 가죽을 남기고 사람은 죽어서 재산을 남긴다.'

요즘 경제여건에 맞춰 이렇게 고쳐야 한다. 연일 터지는 사건, 사
고 때문에 법원은 항상 만원사례다. 이유야 다양하다.

'너 없이는 죽고 못 산다' 할 때는 언제고 살다보니 성격차이라는

핑계로 헤어지겠다는 사람들, 어디서 뼈가 부러져서 칭칭 붕대를 감싸고 합의금 더 달라고 아웅대는 사람들 하지만 그 중 가장 꼴불견은 생전 부모 한번 찾아보지 않던 자식들이 부모가 남긴 큰 재산을 가지고 서로 조금이라도 더 많이 차지하려고 아웅대는 사람들이다.

제 얼굴에 침뱉기가 아닐까? 부모님이 얼굴 보고 싶다고 시간 내서 한번 오랄 때는 회사일이 바쁘다, 아이들 때문에 힘들다더니 부모님이 돌아가시고 나니 회사는 들르지도 않고 법원으로 출근을 하고 그렇게 애지중지 하던 아이들은 안중에도 없다.

내가 초등학교 다닐 때 자주 놀러 가는 친구 집이 있었다. 그런데 항상 친구의 부모님은 없었다. 맘껏 뛰어 다니며 맛있는 것도 시켜 먹고 놀기는 좋았지만, 학교를 마치고 집에 돌아와 엄마가 없는 것을 본적이 없는 나로서는 조금 이해하기 힘들었다. 이유를 물어보니 부모님 모두가 법원에 가셨다고 했다. 당시 법원에는 나쁜 사람이나 이혼하는 사람만 가는 곳인 줄만 알았던 나로서는 무슨 큰일이 난 줄 알았다.

친구는 할아버지가 돌아가시며 남긴 재산 때문에 그렇게 친했던 친척들이 법원에서 얼굴을 붉히고 있다며 아쉬워했다. 그러다 보니 집에 혼자 있는 날이 많아졌고 그게 싫어서 친구들을 자주 집으로 데려와서 놀았던 것이다. 친구는 아무 죄도 없었다. 단지 재산이 많은 할아버지를 둔 것 외엔. 하지만 친구의 저녁은 언제나 혼자 먹는 라면과 자장면이 전부였고 우리가 친구 집을 떠나 집으로 올 때까지 친구의 부모님은 돌아오지 않았다.

어렸을 때부터 돈과 관련해서 법원에 드나드는 사람을 많이 보아 왔다. 친구처럼 재산이 많아서 가족끼리 조금 더 나누어 가지려고 하는 경우는 그나마 나은 것 같다. 마이너스 재산 때문에 법원에 가는 사람들은 전쟁을 방불케 한다. 살아생전에는 몰랐는데 한 사람이 죽고 나자마자 어디선가 갑자기 채권자들이 개미떼처럼 몰려드는 것이다.

얼마 전 뉴스에서 8살 아이가 부모의 죽음으로 인해 어마어마한 부채를 떠안은 안타까운 내용을 보도한 적이 있었다. 8살 꼬마가 무슨 법을 알고 돈을 알겠는가? 법원이 어디에 있는지 알기나 할까? 하지만 부모가 남긴 마이너스 재산은 결국 8살 꼬마에게 고스란히 넘겨졌고 초등학생 아이는 빚더미에 올라앉아 평생을 그 빚을 갚는 데 보낼지도 모른다. 8살 아이가 무슨 죄가 있는가? 일거수일투족을 감시당하며 꿈으로 가득 차야할 유년기를 빼앗겨 버릴 수도 있는 그 아이가 과연 제대로 성장할 수 있을까?

마이너스 재산도 분명 재산이다.

당대에서 해결하지 못하면 그것으로 끝나는 것이 아니다. 후손이 그 빚을 이어가야 한다.

이름은 남기지 못할지언정 자식들에게 짐을 얹어 주는 일은 없어야 한다. 개인파산 제도가 있다지만 그것은 생존하기를 거부한 것이나 마찬가지이다. 돈은 행복을 위한 필요조건은 아니지만 충분조건 정도는 될 수 있다. 훗날 죽음 앞에서 나로 인해 피해 받는 일은 없어야 편히 눈을 감을 수 있지 않을까?

부자는 망해도 삼대는 간다.

하지만 가난도 삼대가 간다.

행복 굴리기를 모두 마치고 나면 끝으로 해야 할 일이 하나 남았다. 일생이라는 캔버스에 꿈이라는 스케치를 하고 현실이라는 물감으로 각기 다른 그림을 모두 그렸으면 그 그림을 후손들에게 전달해줘야 한다. 영원토록 살 수 있는 사람은 없기 때문이다. 그 어느 누구도 피해 갈 수 없는 현실이기도 하다. 그림을 후손들에게 전달할 때는 자신이 그동안 일구어놓은 모든 것들이 헛되이 되지 않도록 잘 전달해줘야 한다.

후손들끼리 오해가 없도록 말이다. 이제는 사람이 죽는 순간까지도 자신이 직접 준비를 해야 하는 시대인 것이다. 세상에는 세 사람 중 두 사람은 유언장을 남기지 않고 죽는다고 한다. 그 두 사람은 후손들에게 분쟁의 씨앗을 남기고 나라법을 통해서 해결하도록 하는 것이다.

그래서인지 법원은 항상 만원이다. 유언을 쓸 때는 전문가의 조언이 필요하다고 한다. 유언에 쓴 내용이 조금이라도 명확하지 않으면 후손들에게 분쟁의 씨앗을 남기기 때문이다. 도장을 안 찍어서

무효다, 혹은 자필이 아니다 등 그 분쟁의 씨앗은 재산을 조금이라도 더 차지하기 위해 온 가족이 생업을 뒷전이고 법원으로 향하게 한다.

이렇게 후손들이 분쟁하는 것이 싫다면 자신이 살아 있을 때 미리미리 전문가의 조언을 받아 유언장 써 두어 분쟁이 없도록 막아야 하는 지혜가 필요할 것이다.

정말 지극히
아버지 입장에서 자식을 사랑하는
마음이 느껴졌다.

아버지의 기도

맥아더 장군의 시 '아버지의 기도'를 들어 본 적이 있는가? 나는 이 시를 군대시절에 읽었다. 부대 식당에 시가 커다랗게 걸려 있었는데 이등병, 일병 때는 누구나 그렇겠지만 심부름을 하고 밥 먹기에만 바빠서 읽을 시간이 없었다. 그나마 여유가 주어진 상병이 되고서야 천천히 뜻을 생각하며 읽게 되었다.

밥을 먹고 내무실로 돌아가는데 문득 그 시가 생각나는 것이 아닌

가? 그래서 다시 식당으로 내려와 시를 적었다. 적으면서도 기분이 좋기도 하고 똑바로 살아야겠다는 생각이 교차했다. 읽고 또 읽었다. 읽는 순간 너무도 마음속에 와 닿았다. 정말 지극히 아버지 입장에서 자식을 사랑하는 마음이 느껴졌다. 나는 시를 좋아하거나 특별히 시를 감상하고 좋아하는 시도 없었다.

그런 나에게,

"좋아하는 시가 있습니까?"

누군가 물어본다면 "아버지의 기도"라고 말한다.

훗날 내가 나이를 먹고 나의 자랑스런 아버지 곁으로 가게 되면 아버지께서 뭐라고 말씀하실지 궁금하다.

'아버지의 얘기를 세상 사람들에게 잘 알렸구나' '알리느라 수고했다' 이러실지 아니면 '쓸데 없는 짓을 했구나' 하고 혼이 날지 궁금하다.

가만히 생각해 보니 아무래도 쓸데 없는 짓 했다고 아버지에게 혼이 날 것 같다.

아버지의 기도

내게 이런 자녀를 주옵소서

약할 때에 자기를 돌아볼줄 아는 여유와

어려울 때에 자신을 잃지 않는 대담성을 가지고

정직한 패배에 부끄러워 하지 않고 태연하며

승리에 겸손하고 온유한 자녀를 내게 주옵소서

생각할 때에 고집하지 않게 하시고

주를 알고

자신을 아는 것이 자식의 기초임을

아는 자녀를 내게 허락하소서

원하옵나니 그를

평탄하고 안이한 길로 인도하지 마옵시고

고난과 도전에 직면하여 분투항거 할 줄 알도록

인도하여 주옵소서

그리하여 폭풍우 속에선 용감히 싸울줄 알고

패자를 관용할 줄 알도록 가르쳐 주옵소서

그 마음이 깨끗하고 그 목표가 높은 자녀를

남을 정복하려고 하기 전에

먼저 자신을 다스릴 줄 아는 자녀를

장래를 바라봄과 동시에 지난날을 잊지 않는

자녀를 내게 주옵소서

이런 것들을 허락하신 다음

이에 대하여 내 아들에게 유머를 알게 하시고

생을 엄숙하게 살아감과 동시에

생을 즐길 줄 알게 하옵소서

자기 자신에 지나치게 집착하지 말게 하시고

겸허한 마음을 갖게 하시사

참된 위대성은 소박함에 있음을 알게 하시고

참된 지혜는 열린 마음에 있으며

참된 힘은 온유함에 있음을 명심하게 하옵소서

그리하여

나 아버지는 어느 날 내 인생을 헛되이 살지 않았노라고

고백할 수 있도록 도와 주옵소서

펴낸날 2005년 2월 5일 초판 1쇄
펴낸날 2005년 8월 10일　　　3쇄

지은이 문성민
펴낸이 김석규
펴낸곳 매경출판(주)
등 록 2003년 4월 24일(No. 2-3759)
주 소 우)100-728 서울 중구 필동1가 30번지 매경미디어센터 3F
전 화 02)2000-2610~2, 2632~3(기획팀) 02)2000-2645(영업팀)
팩 스 02)2000-2609
이메일 sy9750@mk.co.kr

ISBN 89-7442-322-7

값 10,000원